죽어도 죽지 않은 나무

죽어도 죽지 않은 나무

발행일 초판 1쇄 발행 2020년 6월 10일
지은이 문희봉
펴낸이 이영옥
편 집 이설화
펴낸곳 도서출판 이든북   **등록번호** 제2001-000003호
전 화 042 · 222 · 2536   **이메일** eden-book@daum.net
팩 스 042 · 222 · 2530
주 소 (34625)대전광역시 동구 태전로 30, 광진빌딩 2층
카 페 http://cafe.daum.net/eden-book
블로그 https://blog.naver.com/foreverlyo5

ISBN 979-11-90532-39-6
값 12,000원

* 잘못된 책은 바꾸어드립니다.
* 이 책 내용의 전부 또는 일부를 재사용하려면 반드시 저작권자의 동의를 받아야 합니다.

* 이 사업은 대전광역시 대전문화재단에서 사업비 일부를 지원 받았습니다.

* 이 도서의 국립중앙도서관 출판예정도서목록(CIP)은 서지정보유통지원시스템 홈페이지(http://seoji.nl.go.kr)와 국가자료종합목록 구축시스템(http://kolis-net.nl.go.kr)에서 이용하실 수 있습니다. (CIP제어번호 : CIP2020023058)

죽어도 죽지 않은 나무

글 · 문희봉

작가의 말

나는 행복하다. 죽어도 죽지 않은 나무처럼 살고 싶다

나에게 주어진 재능이라면 시와 수필을 쓸 수 있다는 것, 문학 인생 50년 지금껏 수필집 8권, 시집 6권을 냈다. 과작寡作이다. 그래도 만족한다. 나에게도 그런 재능이 있었다는 것이 자랑스럽다.

수필은 느낌의 세계를 뛰어넘어 훨씬 높은 곳에 존재하는 깨달음의 세계다. 거기에 도달하기란 실로 어려운 일이며, 평생 정진하여도 닿을 수 없는 세계일지도 모른다. 일상생활에서 느낄 수 있고, 잔잔한 기쁨이나 사소한 갈등 같은 것을 한 편의 글로 엮어낸다는 것은 나에게는 환희요 기쁨이다.

여덟 번째 수필집은 기존의 틀을 벗어나 일상사의 裏面을 아름다운 시각으로 그려 독자들이 단편소설을 읽는 듯한 느낌으로 만날 수 있도록 쓰고 구성하려 노력하였다. 그런데 잘 삶아 놓은 국수 가닥같이 매끈하고 목에 술술 넘어가는, 미려하고도 감칠 맛 나는 글이었으면 오죽 좋았으랴. 그런 점이 끝내 아쉬움으로 남는다. 그래도 남은 생을 죽어도 죽지 않은 나무처럼 살고 싶다.

수필집을 빛내주기 위해 귀한 관련 사진을 기꺼이 제공해준 길공섭 대전동구문화원 원장이며, 대한민국 국보급 사진작가께 감사드린다.

독자님들의 진심 어린 질책을 바라마지 않는다.

2020년 6월
시루봉이 올려다보이는 곳에서 文熙鳳

축하의 글

『죽어도 죽지 않은 나무』의 출판을 축하하며

　소설 같은 수필집 『죽어도 죽지 않은 나무』의 출판을 진심으로 감축드립니다. 세심한 통찰력으로 풀어쓴 수필은 아름다운 서정시처럼 가슴에 진한 울림으로 다가옵니다. 사랑의 감미로움이 넘쳐나면서 배려 깊은 인생사의 구수하고 고소한 향을 맛보게 하며 정서적 안정을 취하게 합니다.
　또한 본 수필집은 작가의 심오한 지식의 샘에서 졸졸졸 흘러나와 우리들의 가슴을 따뜻하게 적셔주는 어머니의 사랑 같은 내용들로 구성되었습니다. 작품집 속에 웅비하는 글들은 하정(문희봉 선생의 아호) 수필가가 칠십 평생 살아온 품격 높은 인상사가 고스란히 녹아있는 우리 삶의 방향을 인도하는 지침서라고 해도 무방하다 생각됩니다.
　하정 선생께서 가슴으로 쓴 수필집에 본인의 사진작품을 함께 실었으면 하는 제의를 받고 혹시나 본인 사진으로 해서 수필집에 누가 되지 않을까 하는 우려도 있었습니다. 그러나 든든한 우정에 감사한 마음으로 졸작이지만 최선을 다해 기쁜 마음으로 함께하기로 하였습니다.

대전동구문화원장 **길공섭**

  50여 년 작업한 사진작품 속에서 수필집에 누가 되지 않고, 조금이라도 도움이 되는 작품을 선별하는 시간 속에서도 친구의 작품집과 함께 한다는 행복감과 흥분감을 감추지 못하는 순간이었음을 고백합니다.
  하정 선생과 친구의 인연을 맺은 20여 년이 지난 세월 속에서 그 따뜻하고 진한 육수로 우려낸 친구의 우정은 항상 내 삶의 원동력이며 종합비타민보다도 더 보약 같은 친구라는 사실을 다시금 되뇌어봅니다. 배려와 포용으로 주위는 물론 많은 사람들로부터 존경과 찬사를 받는 큰 나무 같은 친구입니다. 하정 선생이 내 친구라서 너무 행복합니다. 우리는 학연도 지연도 아니며, 어느 날 우연(문학회)히 운명처럼 만나 지금까지 그 연을 이어오는 내 인생의 등불 같은 친구입니다. 그런 친구의 수필집에 함께 참여하게 되어서 영광스러우며, 내 생애 아름다운 추억으로 가슴에 오래 저장할 수 있게 됨에 행복을 느낍니다.
  『죽어도 죽지 않은 나무』의 수필집 출판을 경축드리며, 친구로 가슴 훈훈하게 보듬어줘서 고맙고 감사하며, 세상과 이별하는 날까지 우정의 손, 더 따뜻하게 잡을 것입니다. 사랑합니다.

일상사의 裏面을 아름다운 시각으로 그려낸
단편소설 같은 여덟 번째 수필집

| 차례 |

작가의 말   4
축하의 글   6

죽어도 죽지 않은 나무   13
사군자의 향기   18
힘들 때 꺼내 보는 비밀 노트   23
지는 순간까지도 아름다운 태양   28
새벽은 아름다운 오늘을 여는 출발점   33
힘들어하는 당신에게   38
마음에 사랑이 넘치면   43
잡초도 살 권리가 있다   48
누군가를 사랑할 때 세상은 아름다워진다   53
사랑은 인생의 아름다운 향기   58
짜장면 곱빼기 한 그릇   63

그물	67
짐 없이 사는 사람은 없다	73
복기復碁	78
마음 사용 설명서	83
부모님, 죄송합니다	89
차를 마시며	95
반성 샤워	101
행복을 느끼며 사는 삶	106
행복과 희망은 내가 만들어가는 것	113
마음에서 피어나는 꽃	117
행복은 가꾸어 나가는 마음의 나무	123

오늘도 좋은 일이 생길 겁니다	127
글로 사귄 소중한 인연들	132
마음 바구니	138
멋진 사람이 되고 싶다	143
혹시 가까운 곳에 거울이 있다면	148
길은 잃어도 사람은 잃지 마라	153
달관한 철학자인 들꽃	158
아그덜 보그라	163
엄마와의 재회	167
내가 이 세상에 와서 가장 잘한 일	172

나를 산에 버린다	177
인생은 음미하면서 즐기는 여행이다	182
오뚝이 아버지	187
저마다의 가슴에는 길이 있다	192
삶이라는 시험지	198
대나무처럼 살 수 있다면	204
땅과 같은 사람이 되게 하소서	209
내가 사랑하는 눈물	215
나에게 눈물을 선물한 사람	219

죽어도 죽지 않은 나무

 얼마나 지났을까. 한 나무가 자라 땅과 하늘을 연결할 만큼 성장했을 때 인간의 톱에 의해 베어졌다. 또 많은 시간이 지나 그 밑동이 적당히 썩어갈 무렵 솔 씨 하나가 그 밑동 위로 떨어져 새로운 생명의 기운을 지피기 시작했다. 죽은 나무 위에서 자라난 새 나무의 푸른 기상은 확실히 생명의 멋진 찬가였다. 그 옆의 바위들도 혼자는 외롭다고 넝쿨을 끌어안아 푸르러 있었다. 죽어서도 새 생명을 키우는 나무, 그러니까 그건 '죽어도 죽지 않은 나무'라고 말해야 옳을 것 같다.
 우리가 사는 세상은 수은으로 닦아낸 듯이 맑고 환희로운 곳이다. 어느 동화에선가 흙덩이가 강아지똥에 한 말이 생각난다.

'아니야, 하느님은 쓸데없는 물건은 하나도 만들지 않으셨어. 너도 꼭 무엇인가로 귀하게 쓰일 거야.' 이 말을 들은 강아지똥은 생각을 달리했다. 얼마나 희망적인 말인가?

생명이란 참 신비하다. 죽어가는 것처럼 보이지만, 그 안에서 또 다른 생명을 움트게 한다. 죽어도 죽지 않은 나무가 그것을 말해준다. 다 죽어가는 나무라고 톱질을 했다간 낭패를 본다. 잘려나간 밑동에서 새로운 싹을 틔워내는 것을 많이 보아왔지 않았는가. 세상에 인내와 연습만큼 위대한 재능도 없다. 다 죽어가다가도 끈질긴 생명력을 바탕으로 나무에 불을 켜고, 종을 매달고, 종을 울리는 걸 보면 알 수 있지 않은가 말이다.

우리의 삶도 그러하다. 인내는 쓰다. 그러나 그 열매는 달다. 필연적으로 죽어가고 있지만, 그 안에서 사랑을, 꿈을, 생명을 피워간다. 삶 너머의 꿈과 희망을 품고 살아간다. 그런 희망이 없다면 그는 죽은 목숨이나 다름없다.

다른 사람들이 가지 않은 길을 기꺼이 갈 때 비로소 성공에 다다를 수 있다. 새로운 길을 닦지 않는 사람에게 성공의 길은 없다. 남들이 가지 않는 길을 기꺼이 가는 사람은 절반은 성공한 것이나 다름없다.

내가 초등학교에 다닐 때 국어 교과서에 '다섯 개의 완두콩' 이야기가 있었다. 어느 소년이 새총으로 다섯 개의 완두콩을 한 알 한 알 쏘아 보냈는데, 완두콩들은 날아가면서 제각기 자기는 어디에 가서 어떻게 자랄 거란 희망을 말했다.

그중 한 개의 완두콩은 공교롭게도 어느 집 창틈 흙이 조금 있는 곳에 떨어졌다. 거기서 안착하고 새살림을 차렸다. 싹이 나서 자랐다. 그 흙은 완두콩의 생육을 통해 경직된 몸을 풀고 숨통을 텄다. 그 속에서는 긴 겨울을 이겨낸 생명의 희망찬 속삭임이 들렸다.

다섯 번째 완두콩이 떨어져 자라는 그 집에는 병을 앓고 있는 소녀가 있었다. 그 소녀와 어머니는 완두콩이 싹을 틔우는 것을 보고 더 잘 자라도록 실을 매주어 넝쿨이 타고 올라가게 했다. 그런 완두콩의 끈질긴 생명력을 보면서 소녀도 용기를 얻어 병이 나았다는 이야기가 바로 '다섯 개의 완두콩'의 줄거리이다.

'다섯 개의 완두콩'은 소녀와 어머니에게 기쁨과 희망을 주었다. 핏기 잃은 소녀의 얼굴에 환한 웃음이 피어나게 했다. 식은 땀을 흘렸던 소녀의 얼굴을 잘 익은 복숭아빛으로 변하게 했다.

소녀와 엄마처럼, 나도 창틀의 틈새에서 자라는 뭔가를 매일 들여다볼 수 있다면 매일매일이 기쁘고 즐겁지 않을까? 별은 따기보다 달기가 더 어렵다. 별을 많이 달아놓으면 내가 사랑하는 사람의 이름보다 더 많은 하늘이 강에 빠져들어 나를 기쁘게 할 것이다.

죽어도 죽지 않은 완두콩이다. 인생은 목표점을 향해 앞만 보고 달려가는 것이 아니다. 좌우 살피면서 여행처럼 달려가야 재미를 느끼며 만족한다. 비옥한 땅을 멀리하고 외진 구석 버려진 땅에 자생하기를 좋아하는 억새, 그 억새꽃 수술이 석양에 역광으로 반사되어 황홀하게 빛나고 있다. 흐르는 소리는 들리지 않아도 강물은 여전히 흐르고 있다. 그 옆 바람의 끝을 잡고 누운 풀들이 일어서고 있다.

달빛이 갈댓잎에 사뿐히 내려앉는다. 세상은 옷이 없어서 추운 것은 아니다. 죽어도 죽지 않은 나무가 심어준 가르침을 잊었기 때문이다.

사군자의 향기

　매란국죽을 사군자라 일컫든가요? 조상들은 붓을 들어 대나무를 치고, 매화를 그리고, 국화 향을 백자에 담았지요. 아주 고귀한 인품을 지닌 것들을 종이와 그릇에 담아냈지요. 당신 또한 그에 못지않습니다. 아니, 그보다 더 향기롭습니다. 당신을 알고 지낸다는 것 자체가 나에게는 너무나 큰 축복입니다. 살아온 세월이 아름다웠다고 가만가만 끄덕이고 싶습니다. 지난 세월이 보석처럼 아름답고 귀중한 추억과 재산이라고 감히 얘기하고 싶습니다.
　오늘따라 당신의 향기가 더 아름답고 그윽합니다. 묵향처럼 난향처럼 가슴속까지 깊이 배어드는 당신의 그 향기가 더욱

좋습니다. 당신의 향은 난향이 되었다가, 국향菊香이 되는가 하면, 매향처럼 향긋하기도 한 사람입니다. 당신의 육신과 정신은 인격과 후덕함으로 나를 사로잡는 아주 그윽한 향을 지니고 있습니다.

인생의 깊은 의미를 다 아울러 헤아리는 당신은 언제든지 사랑하고 또 얼마든지 사랑받을 그런 멋을 갖춘 사람입니다. 매화 빛깔 붉은 립스틱을 바르면 당신은 어느새 눈 속에서도 꽃을 피워낼 그런 사람입니다. 자신보다 남을 먼저 배려하는 마음의 여유, 남에게 아픈 상처를 주지 않고, 상대의 깊은 상처까지 감싸 안을 수 있는 그 넉넉한 사랑을 나도 소유하고 싶습니다. 항상 자신의 감정을 조절하고 상대의 감정을 이해하는 폭넓은 포용심이 당신을 그렇게 만들었지요. 옳은 말, 가르치려는 말보다 이해하고 수용하려고 하는 마음이 먼저 앞섰기에 추앙받는 사람으로 자리매김한 것이지요.

당신은 젊은 시절 희생으로 베풀고 곱디고운 심성과 아량으로 살아온 발자취가 있었기에 나이 들어 당신을 이토록 아름다운 자태로 꾸며주고 있는 것이지요. 맑은 하늘의 뭉게구름이 마술처럼 펼쳐지고, 보석같이 함박웃음 짓는 당신은 영원한 나의 멘토입니다. 당신은 사랑을 주는 데 인색하지 않습니다. 사랑하는 데 인색하지 않습니다. 말도 얼마나 예쁘게 하는지 모릅니다. 하루 종일 보고픈 마음이 떠나지 않아 가슴이 뻐근했다 합니다. 그 얘기를 들으면 얼마나 기쁜지 모릅니다.

사랑은 간단한 것이라고 말합니다. 당신 얘기를 들으면 복잡한 것은 당신 곁에 있는 사람들이라는 생각을 하게 됩니다. 당신은 삶을 배우기 위해서는 슬픔, 고통, 좌절이 필요할 수도 있다고 나에게 늘 말해줍니다. 슬픔도, 고통도, 좌절도 인생의 일부라고 말해줍니다.

주름살이 깊어진 만큼 당신의 가슴속도 깊어지고, 피부가 거칠어지는 대신 당신의 사랑은 더 부드럽고 향기는 더욱더 짙어집니다. 당신은 그대로의 참모습이 어느 화장품 향내보다 더 진하고 향긋합니다. 당신은 가까운 사이일수록 '사랑한다, 고맙다, 수고했다.'라는 말을 자주 합니다. '미안하다, 괜찮다.'라는 말을 많이 사용합니다. 그래요. 사랑은 이웃과 기쁨을 같이 나누는 일입니다. 기쁨을 나누는 삶은 얼마나 아름답고 축복받은 삶입니까.

당신은 가끔 홀로 시간을 만들면서 마음속에 아름다운 호수를 팝니다. 바쁘다고 밀쳐두었던 자신 속의 자신을 조용히 들여다볼 수 있는 시간을 갖습니다. 혼자 있는 시간이야말로 자신이 자신을 돌보는 시간이며, 자신을 길들이는 시간이라고 생각합니다.

당신은 탈무드에서 얘기하는 것처럼 어떤 사람이 현명한 사람인지, 어떤 사람이 굳센 사람인지, 어떤 사람을 부자라고 하는지를 아는 현명한 사람입니다. 당신은 향수를 뿌리지 않았는데도 은은한 향기를, 깊은 산속 옹달샘의 맑은 물 같은 사람입니다.

그런 정신으로 살다 보니 나이에 어울리지 않게 피부도 탄력적이며 얼굴도 동안입니다. 당신은 내가 본 어떤 사람보다도 매력적이고 인간적이며 누구나에게 힘이 되고 등불이 되는 사람입니다.

느낌으로 전해오는 당신의 향기를 존경하고 사랑하는 내가 어쩜 이리도 행복해 보일까요? 당신은 후에 일어날 일을 미리 생각하면서 언제나 감사하는 마음을 잃지 않으려 하고, 변함없는 자세로 끊임없이 노력합니다. 그래서 나는 당신의 일기장에 '현명한 사람'이라고 새긴 도장을 찍어줍니다. 당신의 가을은 더욱 성숙해질 뿐 늙고 병드는 일은 없을 것입니다.

힘들 때 꺼내 보는 비밀 노트

나는 한없이 초라하고 작게 느껴질 때면 산에 오른다. 경사가 심한 계단을 오르면서 심장이 터질 듯한 고통을 느끼지만, 그것도 잠시 평상 맥박수를 유지한다. 오르는 길 좌우에 도열해 있는 각종 수목들이 나에게 용기를 준다. 희망을 준다. 늘 푸르게 살아가는 방법을 제시해 준다. 그런 베풂의 호사를 누리며 오른 정상에서 내려다본 세상은 어떤 사람 부럽지 않다는 걸 느끼게 한다. 내 발밑에 펼쳐진 세상은 바로 내가 주무를 수 있는 세상이다. 아주 별것 아닌 세상들인데 괜히 나 자신을 초라하다 생각해 왔다는 걸 깨닫고는 실소를 금치 못한다. 세상에는 나보다 낫다고 생각되는 사람도 더러 있지만 나보다 못하다고 생각되는 사람들이 의외로 많다는 걸 느끼고 무릎을 친다.
  삶이 힘겨울 때 나는 새벽시장으로 간다. 밤이 낮인 듯 치열한 삶을 살아가는 상인들을 보면 힘이 절로 생긴다. 생존경쟁에서 낙오되지 않기 위해 자신에게 주어진 여건을 숙명으로 받아들이면서 억척스럽게 살아가는 그들을 보면 팔뚝에 근육이 생겨나는 것 같은 착각을 한다. 새벽잠을 설치면서 준비해 온 농수산물을 팔고 있는 그들의 얼굴 근육에 생기가 묻어 있다. 끊어지는 허리 한 번 펴 보고 다시 굽히며 일상으로 돌아가는 그들에게서 진한 삶의 애착을 배운다. 열심히 살아가는 방법을 그들에게서 배우고 나도 모르게 이마를 치며 쾌재를 부른다.
  삶에 지치고 피곤함을 느낀다 싶으면 병원에 간다. 문병을 간 것은 아니지만 입원실 복도를 걸어본다. 세상살이를 어렵게 생각했던 내가 미워 스스로 고개를 떨군다. 나는 하찮게 생각했던 목숨인데 다른 사람들은 처절하게 지키려 애쓰고 있다는 걸 발견하곤 얼굴을 붉힌다. 흔히들 파리 목숨이라고 하지만 쇠심줄보다 질긴 게 사람 목숨인데 나를 포함해서 그걸 너무 가볍게 생각하는 사람들이 있다. 반성할 일이다.

내 인생이 답답하다 느끼면 기차여행을 떠난다. 몇만 원으로 떠나는 여행, 무수히 많은 사람을 만나고, 무수히 많은 풍경을 보고, 무수한 생각들과 만나면서 활짝 펼쳐질 내 인생을 그려보는 기회를 가질 수 있어 좋다. 비록 지금은 한 치 앞도 보이지 않아 갑갑하여도 분명 앞으로 펼쳐질 내 인생은 탄탄대로가 될 것이라는 확신을 갖고 돌아오는 영광을 얻는다. 여행은 내 인생을 바꾸어주는 스승이다.

진정한 행복을 느끼고 싶을 땐 따뜻한 아랫목에 배 깔고 엎드려 재미난 책을 본다. 그리고 김치전에 막걸리 한 잔 곁들인다. 세상을 다 가진 듯 행복해진다. 세상에서 음식을 먹는 즐거움보다 더한 것이 있을까. 여유를 갖고 가장 편한 자세로 책을 읽을 수 있다는 것도 즐거움 중의 즐거움이다. 그 속에서 지금껏 잊고 지내던 중등학교 시절에 나를 흠뻑 녹여주었던 얘기들을 다시금 꺼낼 수 있다는 것은 또 나를 얼마나 즐겁게 하는 것이랴. 파랑새가 가까이에서 노래를 불러도 그 새가 파랑새인지 까마귀인지 모르면 아무 소용이 없다. 분명 행복은 멀리 있지 않다. 가까운 곳에서 찾아내는 행복이 나를 기쁘게 한다.

사랑하는 사람이 속 썩일 때가 있다. 그럴 땐 이런 말을 해준다. '그래 내가 전생에 당신한테 빚을 많이 졌나 보네. 맘껏 나에게 풀어. 그리고 지금부턴 좋은 연만 쌓아가자. 그래야 담 생애도 좋은 인연으로 다시 만날 수 있지 않을까.' 지는 것이, 이기는 것이다. 꼭 이기려고만 하는 삶은 피곤하다. 가끔은 져주기도 하면서 살 수 있는 여유가 있다면 그 삶은 만점 삶이다. 내가 즐겨 사용하는 건배 구호가 있다. '당신 멋져'다. 상대를 칭찬하면서 사는 삶은 상대만이 아닌 나도 행복해진다. '당신 멋져'는 '당당하게 살자. 신나게 살자. 멋지게 살자. 져주면서 살자.'이다. 내가 생각해도 좋은 말이다.

하루를 마감할 때면 베란다에 나와 냉수 한 잔 마시면서 밤하늘을 올려다본다. 그리고 하루 동안의 일을 하나씩 떠올려 본다. 불면증으로 일찍 깨어 새벽 시간을 보내느라 고생했던 일, 소년원에서 멘티와 나눈 대화, 친구들과 술 한잔하면서 나누었던 웃음, 테니스와 탁구를 하면서 풀었던 스트레스, 내 칭찬의 말을 듣고 기뻐하던 이웃들의 얼굴을 그려보면서 잠자리에 든다. 오늘보다 더 나은 내일이 활기차게 열릴 것이라 믿고.

지는 순간까지도 아름다운 태양

오늘에 와서 생각해 본다.

갓 잡아 올린 생선처럼 싱싱하게 요동치던 세월도 있었는데, 고교 시절 태권도장에서 이단 옆차기, 올려 차기를 하는 폼이 너무나 유연하고 멋져 보였었는데. 매주 한 번씩 즐기던 배구경기에서 스파이크도 꽤 잘한다 칭찬받았었는데. 지금은 턱걸이 한두 번은 그만 두고 철봉에 매달리는 것도 쉽지 않다.

올곧게 벋은 소나무보다 휘어져 자란 소나무가 더 멋있고 값이 나가는 법이다. 똑바로 흘러가는 물줄기보다 휘청 굽이친 물줄기가 더 아름답다. 일직선으로 뚫린 빠른 길보다는 산 따라 물 따라 흘러가는 길이 더 운치가 있고 아름답다.

내가 자동차를 굴리게 된 것도 자그만치 70년을 훌쩍 넘겼다. 그간 만고풍상을 다 겪었다. 망망대해에 뜬 일엽편주일 때도 있었고, 고봉 준령의 바위틈에 가까스로 뿌리를 내린 어린 소나무 신세일 때도 있었다. 협곡의 좁은 길을 운전할 때가 있었고, 광대처럼 외줄 타는 솜씨를 발휘해야 할 때도 있었다. 자전거를 타고 가다 수로에 빠져 허우적거린 때도 있었고, 마라톤을 해야 할 때 단거리 선수인 양 오버할 때도 있었다.

언제까지나 맑은 날만 계속될 수 없고, 곧은 길만 이어질 수는 없다. 때로는 궂은 날도 있어야 가뭄이 계속되지 않아서 사막화도 막을 수 있다. 굽이굽이 힘든 고갯길을 넘어보아야 삶의 의미도 조금은 깨달을 수 있지 않을까.

'낙엽'이라는 단어에는 감성적인 분위기가 물씬 묻어난다. 낙엽 타는 내음에 향수가 느껴지고, 낙엽 밟는 소리에 가슴 뭉클한 낭만이 전해 온다. 낙엽에는 이처럼 사람의 심금을 울리는 그 무엇이 있다. 지난 세월을 되돌아보니 모두가 그립게 느껴진다.

기계를 오래 사용하다 보니 요즘은 카센타 출입이 잦아졌다. 하숙집 밥 삼 년 먹으면 뼛속이 다 빈다 했는데 그래서 그런지 내게는 조로현상이 너무 일찍 찾아온 것 같다. 좌우쪽 어깨 관절이 부실하고 몸속에 결석이 너무 많아 괴롭힘을 당했던 때가 한두 번이 아니다. 눈물샘은 언제 다 퍼냈는지 바싹 말라 있어 눈물을 요할 때 사람 노릇 한 번 못했다.

누가 봄을 젊은이들만의 소유물이라 했던가? 젊은이의 봄은 기쁨으로 차 있는 홑겹의 봄이지만, 나이 든 사람의 봄은 기쁨과 슬픔을 아울러 지닌 겹겹의 봄이라는 사실은 왜 모르고 있는가?

비결이 뭐 있겠나. 비바람 불고, 폭설도 내리고 했지만, 가끔 해뜰 날이 있었으니 그런 날 바라고 살아온 것이라고 할까나. 바람은 나뭇잎만 흔드는 게 아니다. 내 몸 구석구석에서 나를 떠나겠다 마구 흔들어댄다. 그렇지만 굽이굽이 힘든 고갯길을 넘어 보아야 삶의 의미도 조금은 깨달을 수 있지 않을까 하는 생각으로 자위를 한다.

이제 남은 인생을 멋지게 살아야 하는데 걱정이 앞선다. 웰다잉을 하기 위한 준비에 소홀함이 없어야겠다. 마디마디 기름때가 낀 못 박힌 거친 손이지만 큰 과일을 따려면 많은 자잘한 열매들을 솎아낼 줄 아는 지혜도 갖추어야 한다. 살아감에는 긍정의 힘이 좋다.

이젠 내 몸의 원기는 거의 고갈 되었다는 생각이다. 계절로 따지면 야윈 가슴을 더 아리게 하는 늦가을 오후쯤일까. 천 원짜리 한 장 없어도 한겨울을 보내던 그런 적막한 세월도 있었다. 그러니 무슨 일인들 견뎌내지 못하랴.

오늘도 행복한 하루를 만들어야 한다. 고통 없는 삶은 비극이다. 병은 인생을 지혜로 이끄는 선지자라 했다. 누워 있는 곳이 병원인 듯 집인 듯, 여보를 부르다가 간호사를 부르다가 그렇게 내 아픔은 깊어만 갈 게다. 해묵은 나프탈렌 냄새 풍기지 말고, 말이 천사의 집이고 실버타운이지 애지중지 키워 온 자식들에게 버림을 받고 이 세상에서 쫓겨나 죽음을 기다리는 곳이 실버타운이다. 그런 곳에 가기 전에 더 많은 행복을 누릴 일이다.

지금까지 버텨준 내 애마에 고마움을 표시하면서 일십백천만의 정신으로 살 것이다. 간장 종지처럼 볼이 패이고, 어둡고 안개 자욱한 길을 걸으며, 소리 없이 기도해야 하는 게 인생인지도 모른다. 이만 오천여 개의 낡은 부품들이 하나같이 합심하여 주인을 지켜준 나의 명마에게 감사할 뿐이다.

태양은 지는 순간까지도 아름답다.

새벽은 아름다운 오늘을 여는 출발점

나는 매일 새벽 5시에 기상합니다. 맨손체조를 하고, 팔굽혀 펴기를 하고, 아령을 들고 몇 분간 운동합니다. 그리고 간편복으로 갈아입고 집을 나섭니다. 6시에 헬스장에 도착하여 근력운동을 합니다. 그리고 샤워를 하고 귀가합니다. 이것이 내 식전 일과입니다.

안중근은 하루라도 책을 읽지 않으면 입안에 가시가 돋는다 했습니다. 나에게는 이렇게 운동을 하지 않으면 온몸에 거미줄이 생깁니다. 이렇게 해야 하루가 덜컹거리지 않고 잘 굴러갑니다. 장기 여행을 할 때, 몸이 아파 움직이기 어려울 때를 제외하고는 예외를 만들지 않습니다.

새벽이란 말은 싱그러운 꽃처럼 풋풋하고 생동감을 안겨주는 말입니다. 마치 이른 시각 산책길에서 마시는 한 모금의 감미로운 샘물 같은 신선함이 있습니다.

하루의 시작은 새벽에 있습니다. 새벽부터 기분이 좋으면 온종일 기분 좋은 일만 생깁니다. 하루가 시작되는 새벽, 동으로 떠오르는 태양을 바라봅니다. 그리고 그 태양처럼 오늘 하루 알차게 살아야겠다는 다짐을 해봅니다. 새벽이 그 다짐을 성취케 해줄 것입니다.

사람들은 누구나 새벽에 눈을 뜨면 새로운 오늘을 맞이하고 오늘 할 일을 머릿속에 떠올립니다. 그렇게 하루를 설계하는 사람의 모습은 한 송이 꽃보다 더 아름답고 싱그럽습니다.

그런 사람의 가슴엔 새로운 것에 대한 기대와 열망으로 가득 차 있습니다. 반면에 그렇지 않은 사람은 오늘이 잘못 지낸 어제와 같고, 내일 또한 오늘과 같은 것이 되고 맙니다. 새로운 것에 대한 미련이나 바람은 사라지고 하루하루가 다람쥐 쳇바퀴 돌리기입니다. 그런 사람들에게 있어 오늘은 결코 살아 있는 시간이 될 수 없습니다. 의미 있는 시간이 될 수 없습니다. 이미 지나가 버린 과거의 시간처럼 쓸쓸한 여운만 그림자처럼 붙박여 있을 뿐입니다. 오늘은 오늘 그 자체만으로도 아름다운 내일로 가는 가교의 역할을 하는 안내자입니다.

오늘이 아무리 고달프고 괴로운 일들이 발목을 잡는다 해도 그 사슬에 매여 결코 주눅이 들어서는 안 됩니다. 사슬에서 벗어나려는 지혜와 용기를 필요로 하니까요. 이건 의지를 갖고 있는가 없는가에 따라 확연히 구분됩니다.

때론 아침에 내리는 이슬비처럼 보드라운 눈빛으로, 때론 정수리를 쏘는 따가운 태양처럼 강렬한 눈빛으로 오늘을 사랑하고 싶습니다. 때론 오래된 친구처럼, 때론 처음 만나는 사람처럼 그 넉넉한 당신을 다 사랑하는 오늘이 되었으면 좋겠습니다.

오늘이 나를 외면하고 자꾸만 멀리멀리 달아나려 해도 그 오늘을 나는 사랑해야 합니다. 오늘을 사랑하지 않는 사람에게는 밝은 내일이란 결코 있을 수 없습니다. 그림의 떡과 같고 또 그런 사람에게 오늘이란 시간은 희망의 눈길을 보내주지 않습니다.

사무엘 존슨은 "짧은 인생은 시간의 낭비에 의해서 더욱 짧아진다."고 했습니다. 이 말의 의미는 시간을 헛되이 보내지 말라는 것입니다. 오늘이란 시간이 다시 올까요? 오늘이란 이 시간은 영원히 오지 않습니다. 다만 살아온 아름답고 추잡한 추억만을 선물해 줄 뿐입니다. 어제는 어제일 뿐 오늘이 될 수 없기 때문에 오늘을 멋지게 살아야 합니다. 어제가 아무리 아름답다 해도 어제는 어제일 뿐입니다. 오늘을 늘 새로운 각오로 살아야 하는 이유입니다.

오늘은 누구에게나 늘 공평하게 찾아오는 삶의 원칙입니다. 후회는 인생을 바보로 만들 뿐 앞으로 나아가지 못하게 합니다. 족쇄로 작용하여 인생을 영원히 망가뜨릴 수 있습니다. 오늘의 시작은 새벽입니다. 새벽은 아름다운 미래를 여는 첫걸음입니다.

서서히 녹아가는 설탕같이 부드러운 미소로 하루의 시작을 풍요롭게 해주는 사람이 당신이라면 좋겠습니다. 짧아져 가는 겨울 해를 바라보며 큰 다라이로 덮어 더 이상 없어지지 않게 묶어두는 사람이 당신이라면 좋겠습니다. 이런 사람이 내 곁에 있으면 새벽은 무조건 신선할 것이라는 기대 때문입니다. 메마른 포도밭에 떨어지는 봄비 같은 간절함으로 오늘을 시작했으면 좋겠습니다. 그러면 살아감 속의 아픔이라도 조금씩 조금씩 행복이란 걸 선물해 줄 것입니다. 낡은 오르간이더라도, 귀 떨어진 찻잔이더라도, 한쪽 구석이 함몰되어가는 담장이더라도 오늘은 즐거울 수밖에 없습니다.

힘들어하는 당신에게

 행복과 불행의 양이 같다는 것을 알지 못하고, 나이 들어까지도 슬픔에 젖어 있는 사람이 있습니다. 세상 얼마 살지도 않았는데 꿈을 내던지려고 하는 사람이 있습니다. 세상은 꿈꾸는 자의 것이라는 진리를 외면하고 있는 사람이 있습니다. 그래서 그런 사람들에게 나는 이런 말을 합니다. '당신은 상처받기를 두려워할 만큼 늙지 않았습니다. 멀리 뛰기를 못할 만큼 다리가 허약하지 않습니다.'라고요.

 행과 불행은 생각하기 나름입니다. 엊그제는 구십이 넘은 분과 대화를 나눴습니다. 대화 도중에 '아, 이제 죽어야지.'라고 하시더군요. 그래서 물었습니다. '진짜로 돌아가시고 싶으냐?'고요.

photo work by g s kil

그랬더니 뭐라 답했는지 아세요. '그냥 해본 소리야.' 이러시더라고요. 사람은 구십이 넘어도, 백이 넘어도 세상과 작별하고픈 생각은 없습니다. 하루라도 더 살고 싶은 게 사람의 공통된 심리가 아닐까요?

세상에 3대 거짓말이 뭔지 아시잖아요. 노인은 '아, 이제 그만 살고 싶어요.'고요. 처녀는 '나, 시집 안 가요.'고요. 장사꾼은 '나는 밑지고 팔아요.'라고 해요. 하나 더 추가할까요. 남자들이 결혼 전에 여자들에게 '결혼하면 손에 물 한 방울 안 묻히게 해 준다.'는 말도 있네요. 겉과 속이 다르다는 말씀입니다.

포기는 배추를 세는 단위가 아닌가요. 아직 포기하기는 이릅니다. 이 아름다운 세상, 좀더 멋진 삶을 구가하셔야지요. 당신은 우산과 비옷으로 자신을 가려야 할 만큼 외롭거나 비판적이지도 않습니다. 또 무엇보다 당신의 시력, 눈은 별을 바라보지 못할 만큼 나쁘지도 않습니다. 건강한 신체를 갖고 있습니다.

부모님이 주셨든, 조물주가 주셨든 당신의 몸은 소중한 가치를 지니고 있습니다. 건강한 육신을 선물로 받고 왜 주저하십니까? 용기를 내십시오. 할 수 있습니다. 안 되면 되게 해야지요. 포기는 이릅니다. 포기는 못난 사람들이 갖고 노는 장난감입니다.

당신에게 필요한 건 단 한 가지 마음을 바꾸는 일입니다. 마음을 바꾸면 인생이 바뀐다는 평범한 진리를 다시 한번 옛 노트에 적어보는 일입니다. 생각을 바꾸면 행동이 바뀌고, 행동이 바뀌면 사고가 바뀌고, 사고가 바뀌면 사람이 바뀝니다.

그래서 나는 세상을 밝게 보기로 했습니다. 어두운 곳은 될 수 있으면 보지 않기로 했습니다. 잘 웃는 친구를 만나 밥을 같이 먹고, 건강을 위해 매일 꾸준히 운동하는 친구를 만납니다. 하루 한 번 이상 좋은 일을 하고, 열 번 이상 이웃을 칭찬하고, 백 자 이상 쓰는 일도 게을리하지 않습니다. 그리고 하루 천 자 이상 읽으며, 만 보 이상 걷기를 생활화하고 있습니다. 하루하루가 즐겁습니다. 좋게 보면 볼수록 세상은 아름답고, 그 반대면 지옥과 같은 세상이 됩니다.

당신이 한때 가졌던 그리고 아직도 당신 가슴속에 작은 불씨로 남아 있는 그 꿈을 실현시키는 일입니다. 한쪽 문이 닫히면 언제나 다른 쪽 문은 열리게 되어 있습니다. 문이 닫혔다고 실망하는 당신에게, 다른 쪽 문을 찾아보기를 두려워하는 당신에게 앙드레지드가 말했습니다. "지상에서 아무것에도 집착하지 않고 부단히 변화하는 것들 사이로 영원히 열정을 몰고 가는 자는 행복하여라." 그렇지 않습니까? 문이 닫혔다면 어찌하시겠습니까? 휴대폰이 없다면 곤란하겠지요. 게다가 문이 닫혔으니 전깃불도 없겠네요. 어찌하시겠어요. 생각해 봐야 합니다. 문을 두드린다든가, 소리를 지른다든가 하는 방법들이 있을 터이니 지쳐 쓰러질 때까지는 위의 행동을 지속해야 합니다. '하늘은 스스로 돕는 자를 돕는다.'는 말이 있잖아요. 계속 시도하다 보면 하늘도 도움을 주실 것입니다.

당신의 삶은 당신이 창조해야 합니다. 다른 그 누구도 당신을 대신할 수 없습니다. 불면의 밤을 헤치고 자기 자신과 대면하고 있는 당신은 창조적인 사람입니다. 평상적인 삶을 두려워하지 않는 당신은 그 어떤 고난도 이겨낼 수 있는 지혜가 있습니다. 찬란한 아침 햇살이 나와 당신의 정수리에 내려앉았습니다. 힘찬 하루를 열어 보시지요.

마음에 사랑이 넘치면

마음에 사랑이 넘치면 눈이 맑아집니다. 입이 고와집니다. 얼굴이 환해집니다. 얼굴에 부처님 미소 같은 인자함이 흐릅니다. 부정적인 말로 남을 판단하기보다는 긍정적인 말로 남을 이해하려 애씁니다. 이 세상에 사랑보다 좋은 것은 없습니다. 사랑하는 마음은 미움을 물리칩니다. 미워할 겨를이 없습니다. 지나가는 새들이 그 마음을 알고 편지 한두 장씩을 물고 가 그리운 이들에게 일일이 전해줍니다. 세상이 따뜻해집니다. 사랑은 생각의 분량입니다. 출렁이되 넘치지 않는 생각의 바다입니다. 눈부신 생각의 산맥, 슬플 땐 한없이 깊어지는 생각의 우물, 행복할 땐 꽃잎처럼 전율하는 생각의 나무입니다. 사랑이란 비어있는 영혼을

채워주는 마술사입니다.

　마음에 사랑이 넘치면 맑은 웃음이 몸 전체에 푸르름으로 깔려 슬픔을 물리칩니다. 그래서 슬픈 일이 가까이하지 못합니다. 만나는 이들의 가슴에도 전파됩니다. 함께 웃습니다. 웃는 얼굴에 침을 뱉을 수가 없습니다. 머리 검은 짐승은 거두면 배반하기도 하는데 개는 거두면 보답을 한다는 얘기가 있습니다. 왜 그럴까요. 사랑하는 사람끼리는 호박 된장 하나 끓여줘도 맛나게들 먹고, 어쩌다 비린 것 좀 쪄주면 얼굴들이 환해집니다. 웃는 데 돈이 드는 것도 아닙니다. 얼굴과 낙하산은 펴져야 합니다. 그러면 세상은 신명 나게 좋아집니다.

　마음에 사랑이 넘치면 매우 사소한 것일지라도 다른 사람을 배려하는 마음이 앞장섭니다. 시기하고 분노하고 업신여기는 행동이 사라집니다. 늘 상대를 위해서 열려 있는 가슴으로 가까이 다가갑니다. 그런 마음 자체는 아름다운 보석입니다. 세상에는 그런 보석들이 널려 있습니다. 그런데도 그걸 찾지 못하는 것은 마음 훈련이 부족한 때문입니다. 물질에 대한 욕심으로 넉넉한 가슴에 사랑의 마음을 담지 못하기 때문입니다. 흐르는 물은 앞을 다투지 않는데 사람들은 늘 작은 것을 탐하다 큰 것을 잃는 우를 범합니다. 가슴이 넓은 사람의 노래에는 사랑의 힘이 농축

되어 겨자 소스처럼 걸쭉하게 배어 나옵니다.

　감사하고 져주는 맑은 마음엔 이웃을 미워하고 원망하는 삐딱한 마음이 자리할 수 없습니다. 감사한 마음으로 사는 것도 벅찬데 왜 미워하고 원망합니까. 미워하고 원망하면 상대가 받아들입니까. 받아들이지 않으면 그것은 결국 누구에게로 갈까요. 지는 것이, 이기는 것입니다. 잠깐 고개 숙임이 자신을 편안하게 만듭니다. 내 잘못을 빨리 시인하고 용서를 구하는 삶이 현명한 삶입니다. 그런 삶은 마음을 편안하게 합니다.

　고운 마음은 세상을 아름답게 채색합니다. 사랑하는 마음으로 생활하면 모든 것이 다 아름답게 보입니다. 실존하는 것은 물론이고, 실존하지 않는 것들까지도 마음으로 보입니다. 지극 정성을 보이면 부처도, 예수도, 석가모니도, 공자도 動한다 아니합니까. 어머니의 마음이 고운 마음입니다. 어머니는 자식들에게 다 파 먹힌 몸으로도 잠이 오지 않는 밤이면 마늘을 까고, 그 마늘로 김치를 담가 자식들에게 부칩니다. 콩이 흉작이 되면 시장에 나가 콩을 사다가 농사 지은 것인 양 청국장을 만들어 자식들에게 보냅니다. 자식들에게 어머니는 기쁨이요. 즐거움입니다. 희망입니다. 사랑이란 지껄이지 않고는 못 배기는 아내와 같습니다.

지금까지 꼬부라진 마음으로 나를 주시하던 사람의 마음도 예쁘게 보입니다. 마음 아프고 몸 아픈 사람의 그것도 보이고, 왜 상대가 지금까지 날선 마음으로 살아왔는가 하는 것도 보입니다. 그냥 겉으로 보이는 것은 아름다운 게 아닙니다. 마음으로 보는 것, 사랑스러운 마음으로 보다 보면 어둠 속의 모든 것들도 환하게 보입니다. 고결한 인품은 갈수록 감동과 마음의 향기를 더해 줍니다.

사랑하는 마음 없이 보다 보면 거목도 뽑힙니다. 그런 마음은 태풍보다도 더 무섭습니다. 뿌리가 뽑히면 나무는 말라 죽습니다. 그러면 나무의 생명은 종결됩니다.

포옹은 사랑이라는 감정의 수치를 정상으로 올려주는 절대적인 수레바퀴입니다.

잡초도 살 권리가 있다

 엄밀한 의미에서 잡초는 없다. 밀밭에 벼가 나면 벼가 잡초이고, 보리밭에 밀이 나면 밀이 잡초이다. 상황에 따라 잡초가 되는 것이다. 산삼도 원래는 잡초였을 것이다.
 싱싱한 잡초들을 만날 때마다 생에 대한 강한 애착을 갖고 있음을 생각하며 생명의 존엄성을 떠올린다. 보도블럭 틈새에 아무 허가도 없이 자라는 풀들을 본다. 지나는 사람들의 운동화에 차이고, 구둣발에 차여도 끄떡없이 살아남는다. 실뿌리 하나로 혹한을 이겨내고 낮은 땅을 기며 고귀한 삶을 살아가는 저 싱싱한 생명력 앞에 고개를 숙인다.
 잡초는 아름답고 예쁘고 생명력이 강하다. 모진 비바람을 맞고 눈보라를 이겨낸 잡초는 건강하고 아름다운 꽃을 피우지만, 온실에서 자란 화초는 잎만 무성할 뿐 꽃이 야생에서 자라는 잡초의 그것만 못하다. 그들은 훌륭한 견인주의자요, 고독의 철인이요, 안분지족의 현인이다. 그뿐이랴. 잡초들은 자연의, 땅의, 안개의 친구들이다.

우리 살아가는 길에 실룩샐룩 엉덩춤 뿌리며 가면 발자국마다 잡초들이 생겨난다. 새 소리 밟고 오는 아침 햇살에 저 찬란한 생명들의 숨소리를 듣는다. 겸손한 햇살이 숨결 푸르게 달려옴을 느끼며 환희에 젖는 자신을 발견한다.

어머니 눈빛처럼 부드러운 달빛 속에서 그들이 나누는 사랑 이야기를 들어보았는가? 인간도 본능적으로 바람기를 가슴에 지니고 태어난다지만 그들도 그럴 것 같다. 잡초들의 손짓에서 사계의 소리를 듣는다.

어울려 사는 세상이다. 잡초와 익초(益草)가 어울려 살아가는 세상이다. 잡초는 봄바람 훔쳐 먹다 딸꾹질하는 뻐꾸기와도 정을 통한다. 잡초는 온갖 시름 견뎌내며 겨우겨우 살아났지만, 동물들이 배고프다 하소연하면 지체 없이 옷고름 풀어 젖을 물린다. 잡초를 뽑지 않고 적당히 놔두면 농작물들은 그것들과 경쟁하느라 성장이 한결 빨라진다. 그리고 농약을 뿌리지 않아도 병

해충을 이겨낼 만큼 야생화한다.

우리가 먹는 식용식물도 원래는 잡초였었다. 잡초로 태어났지만, 인간의 사랑을 받게 된 풀들은 식용식물이 되어 인간의 사랑을 한몸에 받고 있는 것이다.

등외품처럼 구박하듯 정을 주지 않았어도 저절로 왕대밭에 난 죽순처럼 튼실하게 자라고 있는 잡초를 어찌 홀대할 수 있으랴. 더위를 참지 못하고 할딱이는 잡초의 삶 속에서 젊은 날의 나의 자화상을 본다. 새우깡으로 사육당하고 있는 갈매기의 꿈은 무엇인가? 실컷 먹어보는 것인가. 실컷 운동해보는 것인가. 실컷 사랑해 보는 것인가?

살아 있는 모든 것들은 소중하다. 잔디밭에서 잡초를 뽑아버리면서도 미안하다는 생각이 든다. 창조주의 뜻에 따라 그들도 지음을 받아 자기의 몫을 다하고 있는데, 단지 내 정원 잔디밭에 자리를 잡았다는 이유만으로 그들의 생명을 빼앗을 권리가 있을까 하는 생각이 든다. 없애려고 하지 않고 함께 살기로 마음먹는 순간 그들과의 싸움은 그 의미가 달라진다.

잡초도 비로소 가을을 완성하곤 만족의 미소를 짓는다. 아흔 살 노인 같은 잡초가 새파랗게 사랑을 쏟아낸다. 온몸으로 금빛 노을을 만들어내는 자연을 닮아 그렇게 푸르게 살 수 있다면 얼마나 좋을까. 세월의 탁한 바람 묵묵히 들이마시며 쉼 없이 맑은 바람 걸러내어 되돌려주는 나무들의 그윽한 향기를 맡으며 오늘도 그들은 자라고 있다.

꽃은 쉽게 피어도 아름답게 지기는 어렵다. 그러나 잡초는 아니다. 고결하게 생을 마친다. 이런 의미에서 이 세상에 잡초는 없다.

그들이 바라보는 하늘과 내가 바라보는 하늘은 같다. 서로 평등하다는 생각과 생명에 대한 존중으로 배려하는 사회가 되었으면 좋겠다. 풀 한 포기, 꽃 한 송이도 매일 사랑으로 들여다봐 주면 생기가 돌고 예쁜 모습으로 생글거린다.

누군가를 사랑할 때
세상은 아름다워진다

    내가 소지한 사랑의 보따리는 내가 가지고 있는 것 중에서 가장 값진 것이다. 내 모든 덕행은 거기에서부터 비롯된다. 사랑이야말로 나를 나 이상의 위치로 끌어 올려주는 보물이다. 만일 사랑이 없다면 난 대부분의 평범한 인간이 머무르고 있는 보통의 삶을 살 수밖에 없을 것이다.

    '친구여! 무척 명랑한 봄날이구나. 이런 날 친구는 따뜻한 햇볕이 되어 저 푸른 나의 가슴에 고요히 잠들어 보고 싶은 생각은 없는가?' 하고 묻고 싶은 날이다. 살아가면서 사랑해야 할 대상이 있다는 것은 더없이 행복한 일이다. 그 벅찬 감정이 인생에 희열을 안겨주며 삶의 버팀목이 되어 주기 때문이다. 꿈의 성질이 어떤 것이든 인간은 꿈을 꾸는 한 아름답다. 꿈은 팽팽한 줄을 가진 현악기처럼 아름다운 음률을 내기 위해 삶을 긴장시키기 때문이다. 금방 낳은 달걀처럼 매일이 따뜻할 수만 있다면 얼마나 좋을 것인가?

사랑을 좋아하는 사람은 이 세상의 작은 것들에게까지 아름다움의 의미를 부여하는 사람이다. 누군가를 사랑할 때 우리는 세상이 아름답다고 노래한다. 아직은 봄이 천변 가장자리 노오란 수선같이 입술을 내미는 데, 내 친구는 익숙한 몸놀림으로 천 원짜리 행복을 곱게 포장한다. 언제나 만날 수 있는 기쁨으로 나는 참 행복하다. 비 오는 날 고압선 위에 앉은 새처럼, 위태위태하던 내 생애, 내 눈에 잔뜩 낀 고독 같은 걸 오래도록 간직할 필요는 없다고 말해주는 친구가 고맙다.

우리는 너무 많은 것을 사랑하고, 너무 많은 것에 욕심을 내는 것 같다. 한 사람을 사랑하는 일도 얼마나 벅찬 일인지 모르면서 욕심을 낸다. 그런 의미로 생각하면 인생은 시작과 끝을 허무맹랑하게 되풀이하며 종착역에 이르는 것이라는 생각이 든다.

내 가슴에 박혀 있는 모난 돌들을 언제까지 방치할 것인가? 사랑하다 보면 내 지나온 길을 덮으며, 내가 가야 할 길을 덮으며, 아름다운 희망 하나 끌어낼 수 있다. 그게 사랑의 힘이 아닐까.

험준한 바위틈에 피어오른 한 송이 꽃을 볼 수 있음은 축복이다. 그리웠던 곳에서 보고 싶었던 사람을 마주 보면 마음이 마냥 푸근해진다. 사람이 행복한 것은 그리운 곳에 가고 싶은 욕망과 보고 싶은 사람이 있기 때문이다.

머릿속에 독수리가 날고 자동차가 달리게 하는 삶은 살지 않기로 한다. 검게 보이는 산 아래에는 푸른 보리밭이 있다. 그 보리밭에서 나는 사랑하기 이전부터 기다림을 배워 익힌 습성들을 다시 꺼내 곱게 키우고 싶다.

내어줄 줄 모르는 사랑은 사랑이 아니다. 진정한 사랑은 자신이 상처받는 것을 두려워하지 않는다. 사랑함으로써 자신이 자신다울 수 있다면 그 사랑은 참사랑일 것이다. 사랑은 서로 길들여 나가는 일이다. 사랑은 아주 작은 일에도 서로 익숙해지는 것이다. 상대가 빗물 같은 진정한 내 마음의 정을 양손으로 받아주었으면 좋겠다.

나는 서로가 상대를 '나'답게 하는 일에 열중하는 것이 아니라, 그가 '그'답게 되도록 격려해 주는 것이 바로 아름다운 사랑이라 생각한다. '네게서는 고향 냄새가 난다. 산나리꽃 향기가 난다.' 던 고향 친구가 있었다. 내가 그를 좋아하는 이유다. 어릴 적 아버지 몸에서 나던 열정의 땀 냄새처럼 안타까운 이야기들을 그에게만은 다 쏟아놓고 싶다. 단단한 보석처럼 내 가슴에 무겁게 박혀 있는 절망도, 사금파리처럼 조각 난 희망도 모두. 그리하여 바람 많은 강가에 서로 어깨를 기댄 채 살아가는 갈대가 되었으면 좋겠다.

우리 인생에서도 썰물과 밀물이 서로 교차한다. 절망의 풍경 속에서도 희망은 기다림으로 숨어 있다. 그리움이 익으면 별이 된다. '오늘도 너를 사랑하는 일보다 기다리는 일이 더 행복하였다. 사람이 사는 마을 가장 낮은 곳으로 따뜻한 함박눈이 되어 내리고 싶다. 눅눅한 가슴에 꽃씨를 뿌려주는 그런 사람이 되고 싶다. 내가 너에게 아무런 의미를 줄 수 없다 하더라도 못내 춥고 그리운 날엔 인형 하나 만들어 네 가슴에 안겨주고 싶다.'고 얘기하고 싶다.

장맛비는 싫지만, 소나기는 좋고, 폭설은 싫지만, 함박눈이라면 좋다. 그 누군가를 미워하기도 하지만, 너라면 조건 없이 좋아하고 싶다. 내가 새라면 너에게 하늘을 주고, 내가 꽃이라면 향기를 주겠지만, 나는 인간이기에 너에게 사랑밖엔 줄 것이 없음이 안타깝다.

사랑은 인생의 아름다운 향기

　사랑은 인생의 흐뭇한 향기이자 인생에 의미와 가치를 부여하는 따뜻한 햇볕이다. 어느 시인은 말했다. '물바가지에 떠담던 접동새 소리, 별 그림자' 이런 생각을 가진 사람의 체취를 생각해 본다. 싱그러운 향기를 내뿜으며 사는 사람들이 많은 곳엔 별들도 많이 뜰 것이다.
　어둠 속에서도, 불빛 속에서도 변하지 않는 것이 사랑이다. 슬픔과 아픔을 이겨내면서 가을을 기다릴 줄 아는 게 사랑이다. 희망을 포기하지 않는 사람이 달디단 열매를 수확할 수 있다.

사람은 가정에서 사회에서 그리고 이웃 간에 흐뭇하고 아름다운 정을 나누면서 산다. 그 고운 정 속에는 아름다운 사랑이란 게 짙게 녹아 있다. 사랑은 언제나 낮고 초라한 곳에 있다. 사랑은 제대로 된 인간 성품을 느낄 수 있는 유일한 것이다.

이러한 사랑이 있기 때문에 우리는 인생을 희망과 용기와 기대를 지니고 살아갈 수 있다. 사랑이 없는 가정을, 사회를, 국가를 생각해 본다. 얼마나 삭막할 것인가? 마주 앉아도 눈을 맞추지 않고 대화가 없는 가정을 생각해 본다. 사방이 막혀 있는 동굴같이 보여 답답함을 넘어 질식할 것 아닌가. 오붓한 대화가 오가는, 상대의 가려움을 긁어주는 그런 사람끼리의 한솥밥은 반찬이 그리 많지 않아도 고소할 수밖에 없다.

인간에게는 정의 아름다움과 흐뭇함이 있기에 괴로운 인생도 기쁜 마음으로 살아갈 수 있다. 부정적인 생각은 영을 쭉정이로 만들고, 긍정적인 생각은 잘 여문 알갱이로 만들어 준다.

사랑한다는 것은 상대방에 대하여 따뜻한 관심을 갖는 일이다. 내가 사랑의 주체가 되어 누구를 사랑하는 동시에 내가 사랑의 객체가 되어 누구의 사랑을 받으면서 살아간다. 안도현 시인이 말했지 않은가. '사랑이란 한사코 너의 옆에 붙어서 뜨겁게 울어주는 것이라.'고. '울지 않으면 보이지 않기 때문에 매미는 우는 것이라.'고.

내가 사랑할 사람도 없고, 나를 사랑해 주는 사람도 없을 때 나의 존재와 생활은 무의미와 무가치로 전락하고 만다. 고독이 외로움을 만들고, 그 외로움이 인생을 파멸의 길로 인도해 준다.

사랑이 없는 인생은 풀 한 포기 없는 사막과 같고, 물이 말라버린 우물과 같다. 생에 빛을 주고, 향기를 주고, 기쁨을 주고, 보람을 주고, 의미를 주고, 가치와 희망을 주는 것이 사랑 아닌가? 사랑이 없는 사람의 친구는 고독이요 외로움, 그 이상도 이하도 아니다.

사랑은 상대방의 마음이 돼주는 것이다. 아프고 또 아파도 온전히 그의 마음이 돼주는 것이 사랑이다. 아무리 세상이 각박하다 할지라도 결국 세상을 구원하는 것은 사랑의 힘이다.

사랑은 우리 생활의 등뼈요 기둥이다. 인생을 행복하게 살려면 애정의 향기를 항상 발산해야 한다. 나는 너를 믿고, 너는 나를 믿을 수 있다면 좋다. 서로 믿기 때문에 같이 살 수 있고, 같이 일할 수 있고, 같이 친해질 수 있는 것이다. 신뢰가 사라지면 열매 맺지 못해 가느다란 바람에 사각거리는 옥수숫대와 같은 존재가 된다.

사랑, 협동, 화목, 대화, 희생, 봉사 등 인간의 아름다운 덕 등은 모두 다 믿음과 신의의 토대 위에서 비로소 가능한 것이 아니겠는가? 신의와 믿음의 질서가 무너지면 모든 것이 허사로 돌아간다. 사랑과 믿음 그리고 행복은 하나의 가치임과 동시에 삶의 기초이다.

사랑은 바닷물을 마시는 것과 같다. 바닷물을 처음 마실 땐 시원하지만 돌아서면 갈증은 더 심해진다. 그래서 또다시 바닷물을 마시려고 하면 그때부턴 아무리 마셔도 갈증이 채워지지 않는다. 비를 맞으며 걷는 사람에겐 우산보다 함께 걸어줄 누군가가 필요한 것임을, 울고 있는 사람에겐 손수건 한 장보다 기대어 울 수 있는 따스한 가슴이 필요한 것이다.

사랑과 믿음과 창조의 토대 위에 행복의 탑을 쌓고 즐거운 생활의 요람을 만들어가자. 그런 우리일 때 인생은 아름다워진다. 그때 인생은 더욱 풍요로워지고 윤택해진다.

사람은 사랑을 먹을 때 훌쩍 자란다.

짜장면 곱빼기 한 그릇

 할머니의 사랑은 끝이 없습니다. 이는 어느 조손가정의 이야기이자 우리들의 이야기입니다.

 어린이날 짜장면집에서 짜장면 한 그릇을 시킨 할머니와 손녀를 만났습니다. 옆자리에 앉은 할머니와 손녀의 이야기 속에 손녀에게 주는 너무 따뜻한 할머니의 사랑이 담겨 있다는 걸 알게 되었습니다. 할머니의 사랑이 할머니의 주름살 속에 가득 차 있습니다. 할머니의 손녀 사랑은 큰 사랑 큰 감동 자체였습니다.

 어린이날, 짜장면집에 할머니 한 분하고 초등학교 4학년쯤으로 보이는 손녀가 들어왔습니다. 할머니는 짜장면 곱빼기를 한 그릇 주문합니다.

주문을 받던 주인 아주머니

"할머니는 안 드셔요?" 웃으며 물어보니, 할머니 대답이 아침 먹은 게 속이 안 좋아 굶어볼 셈이라고 합니다.

곱빼기 짜장면 한 그릇이 나오고 손녀는

"할머니는 왜 주문을 안 해?"

손녀가 짜장면을 비비면서 묻습니다.

"속이 안 좋아서." 할머니 대답입니다.

맛있게 먹던 손녀가 반 그릇을 남깁니다.

"왜 더 먹어라."

"할머니 배 불러서요."

"음식을 남기면 벌 받는 거야." 그러시면서 할머니는 손녀가 먹다 남은 짜장면을 다 먹습니다.

궁금해서 할머니께 물어봤더니 할머니 웃으면서 하시는 말씀이 사실은 할머니 속이 안 좋은 게 아니라 할머니에게 돈이 딱 8,000원뿐이었답니다.

짜장면 곱빼기 값이었거든요. 손녀는 할머니 마음을 지금은 모를 겁니다.

가난한 할머니는 어린이날을 맞은 어린 손녀에게 짜장면을 꼭 사 주고 싶었답니다. 그런데 할머니 주머니엔 딱 8,000원밖에 없었습니다.

할머니의 손녀 사랑은 높고도 깊습니다.

사람들은 할머니의 손녀에 대한 사랑이 하늘보다 높고 바다보다 깊다고 말합니다. 왜 할머니가 늙은 나이에 손녀를 키워야 하는지 분명 할머니 가슴속에는 아픈 이야기가 담겨 있을 겁니다.

그 높고 깊은 사랑에 고개를 숙입니다.

그물

열세 살 트로트 신동이 불러주는 '그물'이라는 노래 가사가 내 맘을 사로잡는다. '그물'은 고기를 잡는 어구이다. 사랑이란 그물에 산 채로 잡힌 주인공은 애초에 빠져나갈 생각은 없었다. 노랫말이 참 곱다.

'당신이 던져 놓은 그물에 산 채로 잡혀 버렸다. 그물이 촘촘하진 않아도 빠져나갈 맘은 애초부터 없었다. 그물을 올려라. 사랑의 그물을 당겨라. 놔 주지도 마라. 놔 주지도 마. 어차피 잡힌 거 그냥 살란다.' '그물'이란 노래의 가사 일부다.

아내와 만난 것이 벌써 50년이다. 그간 숱한 고생을 했다. 엊그제는 고목이 약한 바람에 넘어가듯 주방 앞에서 쓰러졌다. 그것

도 욕실에서가 아니어서 다행이다. 대개의 경우 욕실에서 쓰러지면 십중팔구 고관절에 이상이 생겨 고생하다 운명을 달리한다.

아침 해의 찬란하면서도 붉은 색조의 광채를 지니고 내게 온 사람이다. 까탈스럽지 않아 좋은 상相을 가진 사람이었다. 나에게로 온 날 내 안에 푸른 신전을 짓고 무명 요 위에 새살림을 차렸다. 태어나면서 이미 누군가에 압류당한 몸이었다고 했다.

눈물도 세월만큼 나이를 먹는다. 깨꽃으로 지순하게 피어 있던 사람이었다. 아내가 피워내는 것은 꽃이 아니라 희망이었다. 아내 안에서 진한 인정의 체취를 맡다 보면 황량한 세상살이에서의 찌든 삶은 어느새 스스로 증발되어 몸도 마음도 한결 가벼워졌다. 소라가 야영하는 금 모래밭을 선물로 주었다.

그런데 지금은 상황이 그게 아니다. 넘기 어려운 고비마다 흔들렸지만 독하게 살자 다짐하던 아내가 지금은 움직이는 종합병원이 되어 있다. 웃음으로 슬픔 말리고, 웃음으로 눈물 말리며 살아온 세월이다. 가죽 부대 틈새로 밀고 들어오는 홍조를 바라보는 내 가슴은 찢어진다. 그러니 내 마음의 냇가에 살얼음이 언다.

오늘 내가 주운 단풍잎을 자세히 보니 흠이 있다. 다섯 손가락 중 하나가 잘렸다. 검버섯이 핀 푸석한 얼굴이다. 그 단풍잎에는 가난한 아내의 닳고 닳은 신발이 보이고, 숨어서 운 질곡의 눈물도 소금 빛깔로 어려 있다. 비 오는 날은 우산 위를 걷는 절제된 악보를 펼쳐놓고 나에게 나지막한 목소리로 노래를 불러주던 아내였다.

아내는 원래 어떤 섬에 굳게 자리하고 있던 거대한 바위였다. 그 바위는 내 가슴에 예쁜 공원 하나 일궈 놓았다. 직행열차는 싫다고 완행열차가 되어 속도를 내지 않고 서서히 달리면서 나에게 온갖 것들을 진저리치도록 보여주었다.

다시는 아프지 않으리라 다짐했던 기억의 한 쪽이 또 우지끈 무너진다. 불현듯 녹슨 지퍼를 열고 뛰어나오는 고통의 파편들이 아내를 괴롭히고 있다. 일이 쌓이면 병부터 들어와 주인이 됐고, 마음이 가난하여 깨진 소리를 냈다. 뼈마디가 쑤시는 것처럼 살아온 날이 몸살을 앓는다.

상처를 치료하려면 진한 눈물이 필요하다. 눈물이 나는 건 바람 때문인가, 연기 때문인가? 아내는 내게로 와서 섬이 되었다. 그 섬은 두 개의 봉우리와 큰 산을 품고 있었는데 노을이 빨갛게 타는 날이면 해당화가 되어 타고, 바람이 부는 날이면 마타리꽃이 되어 흔들렸다. 나는 밤낮을 가리지 않고 그 섬에서 여러 가지 보물을 캤다. 요즘 들어 그 섬은 차츰 높이가 낮아지고 있다. 이따금씩 아내는 외줄 타는 원숭이가 되었다. 그래도 아내는 녹슨 시간을 닦던 몸으로 우리 가족의 겨울바람을 막아주고 있다.

지금은 웃음 내린 찰진 시간의 꽃대, 세월을 비낀 유풍한 눈주름이 지난 세월을 말해주고 있다. 아무리 다림질을 해도 주름살을 펼 수가 없지만 그래도 좋다. 큰 산처럼 변함없는 아내의 품에 안긴다는 것은 영광이다. 다색의 그림이 곱게 가라앉은 가을색을 연출하는 아내다.

아내의 웃음 속에는 장미꽃 망울처럼 터지는 그리움이 있다. 나는 그 웃음을 사랑한다. 나는 아내를 싣고 다니는 자동차가 되고 싶다. 그간의 질곡 같은 어려움 떨쳐내고 고운 신발 신겨 전국을 유람하고 싶다. 아내와 나 사이에 녹슨 추억을 순금 목걸이로 변형시켜 목에 걸어 주고 싶다.

열매가 떨어지듯 새벽잠에서 깨어나 부스스 눈 비비고 나를 주시한다. 그 눈시울 속에 산새 몇 마리 들어앉아 길을 안내한다. 뜨는 해에 행복을 담고 오늘도 아침상 앞에서 환하게 웃어본다.

나는 그물에 갇혀 퍼덕거리던 물고기가 말라 죽지 않도록 열심히 물을 갈아줄 것이다. 오늘은 햇살이 방안까지 놀러 왔다. 두 손 벌려 받아 보니 어둔 내 가슴에 불이 켜졌다. 밖엔 평화롭고 따사로운 광채에 짐짓 감은 눈이 갑자기 환해진다.

내 늦가을의 시간을 생동하는 봄으로 변형시켜 아내에게 선물하고 싶다. 아내의 몸속엔 아픈 남편 어루만져 주던 어머니의 손길 같은 '마음의 보석 상자'가 오늘도 빛을 발하고 있다.

짐 없이 사는 사람은 없다

 일주일에 한두 번 산에 간다. 등에는 배낭이 짊어져 있다. 가까운 산이나, 먼 산이나, 경사가 급한 산이나, 완만한 산이거나를 구분하지 않는다. 우선 배낭을 지면 자세가 안정된다. 산을 걷다 보면 예기치 않게 넘어지는 경우가 있다. 이때 지면과 허리의 완충 역할을 해주는 것이 배낭이다. 무릎보호대도 찬다. 스틱도 짚는다. 이런 것들은 산행을 안전하게 도와주는 도구들이다.

 사람은 누구나 이 세상에 태어나서 저마다 힘든 짐을 안고 생활하다가 하늘의 부름을 받는다. 생각해 보면 어느 한때 시리고 아픈 가슴 없이 살아온 적이 있었나 싶다. 기쁨과 즐거움의 햇살이 비쳤는가 하면, 어느 한쪽에 슬픔과 아픔의 그늘이 드리워져 있을 때도 있었다.

늘 햇빛만 안고 살아가는 사람은 드물다. 그렇다고 컴컴한 동굴 속에서만 살아온 것도 아니다. 인생이란 동전의 양면 같아서 숫자가 나올 때가 있으면, 글자가 새겨진 면이 나올 때도 있다. 기쁨과 슬픔은 어느 정도 같이 따라다닌다. 내가 의도적으로 슬픔을 밀어내려는 의지만 갖고 있다면 기쁨과 해후하는 시간이 많아진다.

부정적으로 보아서가 아니라 인생 자체가 짐이라는 생각이다. 가난도 짐이고, 부유도 짐이다. 질병도 짐이고, 건강도 짐이다. 책임도 짐이고, 권세도 짐이다. 헤어짐도 짐이고, 만남도 짐이다. 미움도 짐이고, 사랑도 짐이다. 생각하면 짐이 아닌 것이 없다.

일 년 내내 여름만 지속되는 적도 부근에 있는 나라와 겨울만 지속되는 남극, 북극지방에 있는 나라를 생각해 본다. 변화가 없으니 얼마나 따분하겠는가? 그 자체가 인간이 안고 사는 짐이 아니겠는가? 그런 면에서 집착도 짐이고, 번뇌도 짐이다. 걱정도 짐이고, 만족도 짐이라는 생각이다. 그렇기에 어떻게 받아들이느냐가 중요하다.

살면서 부딪치는 일 중에서 짐 아닌 게 없다. 이럴 바엔 기꺼이 짐을 짊어지자는 생각이다. 다리가 휘청거리고 숨이 가쁠지라도 자신에게 주어진 짐이라면 달게 받는 게 현명하다. 언젠가 짐을 풀 때가 되면 짐의 무게만큼 보람과 행복을 얻게 되지 않겠는가.
 헬스장에서 10㎏의 바벨을 15회씩 3회 든다. 그 후에는 빈 바벨만 든다. 날아갈 것 같은 기분이다. 어둠이 지나면 밝음이 온다. 고통만 일생 지속되는 사람은 없다. 쥐구멍에도 볕들 날 있다. 장마가 여러 날 지속되다가 쾌청한 날이 도래하면 사람들은 춤을 춘다. 덩더쿵덩더쿵 떡방아를 돌린다. 이게 인생 사는 맛이다.
 아프리카의 어느 원주민은 강을 건널 때 큰 돌덩이를 진다고 한다. 급류에 휩쓸리지 않기 위해서란다. 무거운 짐이 자신을 살린다는 것을 깨우친 것이다. 헛바퀴가 도는 차에는 일부러 짐을 많이 싣는다.
 엊그제 다녀온 경남 사천시 신수도 방파제 곁엔 주춧돌만한 크기의 돌에 구멍을 내서 밧줄이 꿰어 있었다. 무거운 돌로 인하여 그물이 떠나가지 못하도록 붙잡아 매어놓는 역할을 하는 것이 아닌가 하는 생각이 들었다.
 그러고 보니 짐이 마냥 나쁜 것만은 아닌 것 같다. 정호승 시인의 '내 등의 짐'이라는 시는 감동적이다. 시인은 자신의 등에 있는 짐 때문에 세상을 바르게 살았고, 사랑과 용서와 겸손을 알게 됐다고 했다. 그 짐이 자신에게 선물이고 스승이고 조련사였다고 했다.

곱추인 사람이 잠을 잘 때는 어떤 모습을 취할까를 생각해 보았다. 그 나름의 수면 자세가 있을 것이다. 자기 등에 붙은 부착물을 짐이라 생각하지 않으니 세상 살아갈 맛이 나지 않겠는가 생각해 본다. 그걸 매양 불평하고 자포자기한다면 세상 살아갈 맛이 나겠는가?

이 정도면 짐을 피할 이유가 없지 않은가. 짐은 무겁다. 가벼우면 짐이 아니다. 그래서 짐은 지는 것이다. 손쉽게 들거나 주머니에 넣을 수 있다면 그건 짐이 아니다. 짐을 한번 져 보자. 자연스럽게 걸음걸이가 조심스러워진다. 절로 고개가 숙여지고, 허리가 낮아진다. 겸손해진다. 그러면 다른 사람의 어려움을 이해하게 되지 않을까? 입은 닫고, 귀는 열고, 지갑도 열고, 고개는 숙이고 사는 삶이라면 최고의 삶이 될 것이다.

무거운 것을 지면 시선이 자꾸 아래로 향한다. 거들먹거리지도 못한다. 짐을 지고서는 기고만장 날뛸 수 없다. 그래서 짐을 지고 가다 보면 수양도 되는 것이 아닌지 모르겠다. 겸손해지는 것이 아닌지 모르겠다.

복기 復棋

 이세돌 명인과 알파고(인공지능)의 세기적인 바둑 대결은 정말 흥미로웠다. 인간이 도전할 수 있는 경지가 어디까지인가를 시험하는 인공 지능과의 싸움이었다. 이세돌 구단은 혼자만의 힘으로 대국에 임했지만, 알파고는 1,200여 개의 CPU를 가진 원군이 있었다. 5전 중에서 1승을 거둔 것에 불과했지만, 그것도 지난 대국에 대한 연구와 복기 덕분이었다고 술회하고 있다. 비록 1승이었지만 인간의 자존심을 되찾은 쾌거였다고 생각하여 박수를 보낸다.

 「미생」의 주인공 장그래는 매일 퇴근 후 하루를 복기한다. 그런 습관을 가진 사람이 이 세상에는 얼마나 될까. 모르긴 해도 그리 많지는 않을 것이다. 그런 습관을 갖고 있는 사람 중에는 실패하는 사람보다 성공하는 사람이 많을 것이다. 자신의 생활을 되돌아보는데 어찌 생활에 플러스가 되지 않을까.

하루의 생활에 대한 반성은 반성 자체에 그치지 않고 계속되는 삶의 나침반이 될 것은 명약관화한 일이다. '내가 왜 그 일을 그르쳤지? 내가 왜 그와 언쟁을 벌였지? 내가 왜 그런 실수를 했지?'에 대한 생각을 하고 있다는 것만으로도 나는 성공할 삶을 살 확률이 높은 사람이다. 반성은 사람을 완전하게 만들어 준다. 곁길로 빠져나가기 전에 어느 길로 가야 할까를 지난 삶을 거울 삼아 되돌아보는 것은 정말 의미 있는 일이다.

가끔 바둑 프로그램을 본다. 바둑은 인생의 한 단면 같다는 생각이다. 그렇지 아니한가. 세상을 살아가는 방법이 한 가지뿐이겠는가. 많은 사람들의 생활 패턴도 천차만별이다. 소위 잘 산다고 하는 사람은 그냥 그렇게 되었겠는가. 나름대로 노력한 결과일 것이다. 개중에는 부모 잘 둔 덕에, 선배 잘 둔 덕에, 시대의 흐름에 잘 순응한 덕에 그렇게 된 사람도 있을 터이지만 그런 사람은 극소수일 것이다. 성공한 사람들의 공통된 특징은 의지를 갖고 열심히 살다 보니 하늘이 도운 것일 것이다. 그렇다. 진인사대천명이다. 피땀 흘려 수고하는데 어찌 하늘인들 감동하지 않으랴. 바둑에서 '복기'란 어떤 의미를 갖고 있는 것인가? "복습이자 미래를 위한 설계다. 승리한 대국의 복기는 이기는 습관을 만들어 주고, 패배한 대국의 복기는 이기는 준비를 만들어 준다."고 말할 수 있지 않을까.

복기는 제3자의 눈으로 흔들림 없이 판을 바라보는 일이다. 내 생활에 대해 '무심'으로 복기하려 하지만 그게 그리 쉬운 일만은 아니다. 그런 마음가짐만 가질 뿐이다.

인생은 한판의 바둑이다. 앞이 보이지 않는 절망적인 순간이라고 해서 돌을 던지는 것은 우매한 짓이다. 인생이라는 바둑판은 한없이 넓어, 돌을 아무리 멀리, 힘껏 던져도 바둑판 위에 떨어지고 만다. 그것뿐인가. 삼백예순한 집 속에는 무한한 경우의 수가 존재하고 있다. 한 수 앞도 내다보지 못하는 사람과 열 수 앞을 내다볼 줄 아는 혜안을 가진 사람의 차이는 하늘과 땅 차이다.

그 돌 하나가 인생을 그르치는, 돌이킬 수 없는 악수가 될 수도 있다. 넓고 넓은 인생의 바둑판, 내 인생은 돌 하나로 끝나지 않는다. 잘못 둔 돌이 있다면 그다음부터는 똑바로 두면 된다. 인생 바둑은 죽기 전까지 만회의 기회가 늘 열려 있다. 절망의 순간에 돌을 던졌더라도 너무 낙담하거나 포기할 일은 아니다. 포기하는 것은 인생에 있어 연속적인 악수만을 낳게 될 뿐이다.

하루를 마치는 시간이나, 일주일을, 한 달을, 일 년을 마치는 시간에 지나간 삶을 되돌아본다는 것은 행복한 삶을 만들어 줄 것임에 틀림없다. 정년 하고 나서 내 인생을 복기해보는데 손해 본 삶을 살지 않았다는 생각이 드니 그나마 다행이다.

마음 사용 설명서

경차 타는 사람이라 깔보면 안 된다. 아파트에서 청소하는 사람, 경비원이라고 깔보면 안 된다. 그들은 정보의 발신자이자 소문의 근원이며 온전한 인격을 소유한 인격체다. 나의 스승이 될 수도 있는 사람들이다. 꺼진 불도 다시 보는 지혜를 발휘하는 것이 좋다. 지금 힘이 없는 사람이라고 우습게 보면 큰코다친다. 나중에 크게 후회할 일이 생길 수도 있다. 그들은 내 부모의 다른 모습이다.

실천은 매일 마시는 물처럼 귀한 대접을 해주며 가까이하는 것이 좋다. 숭숭 뚫린 바람과 마주해야 할 날이 하루 이틀인가? 고통은 36개월 무이자 할부를 이용하여 갚아나가는 것처럼 대처하는 것이 좋다. 세상을 살다 보면 아파야 할 순간들이 너무도 많이 찾아온다. 상처는 계란탕을 만들 때 잘 풀어주는 것처럼 다독이며 어루만져 주는 것이 좋다.

쉴 새 없이 상대를 비난, 통제하려 들거나 과소평가하는 것은 건강에 좋지 않은 영향을 준다. 불필요한 논쟁은 내 인격만 깎아내린다. 오해는 잘게 다져 이해와 버무려야만 상처가 빨리 아문다. 사랑은 수십 년 만기 국채를 구입한 후 까맣게 잊어버리고 사는 것처럼 기다려주는 것이 현명한 처신이다. 은행잎을 제외하고는 어떤 나무든 잎이 필 때부터 타고난 귀족은 없다. 귀족은 서서히 만들어진다. 꽃이면서 꽃이 되지 못한 죄가 아무렴 무화과만의 슬픔이겠는가. 말 한마디 잘못 뱉어 패가망신하는 사람들이 많다 하는 얘기 들어보지 않았는가.

대인관계는 평소에 잘 맺는 것이 좋다. 평소에 쌓아둔 공덕은 위기 때 빛을 발하게 마련이다. 대인관계를 금전으로 이루려다 보면 뒤탈이 생긴다. 내 밥값은 내가 낸다. 남의 밥값도 내가 낸다. 베푼다는 마음으로 살다 보면 따르는 무리가 자연스레 많아져 생을 살지게 한다. 고마우면 고맙다고, 미안하면 미안하다고 큰 소리로 말하는 것이 대인관계의 첩경이다. 입은 말하라고 있는 것이다. 울어야 젖도 얻어먹는다. 마음으로만 고맙다고 생각하는 것은 인사가 아니다. 남이 내 마음까지 읽을 만큼 한가한 생활을 하고 있지 않다.

행복은 가끔 과식하는 것도 좋다. 불필요한 논쟁은 내 인격만 깎아내린다. 여러 사람과 만나는 것은 지혜로운 일이다. 가까운 사람 몇 명 가지고는 우물 안 개구리밖에 안 된다. 우정은 연금처럼 매달 조금씩 쌓아가면서 살아가는 것이 현명한 방법이다. 그렇게 하면 부담도 없다. 평상시에 가까이하지 않다가 급할 때 손을 내밀어야 내미는 쪽만 인격을 구기게 된다. 도와줄 때는 화끈하게 도와준다. 처음에 도와주다가 나중에 흐지부지하거나 조건을 다는 것은 어리석은 일이다. 눈치도 빨라야 절에서도 새우젓을 얻어먹는다는 얘기가 있지 않은가. 나뭇잎 하나가 빈 마당을 굴러 물 길으러 갈 새벽 우물길을 쓸어놓았다. 그런 나뭇잎처럼 사는 삶이 좋다.

남의 험담은 안티 생활신조 10개 항 속에 넣는 것이 좋다. 자리에 함께하지 않은 사람 험담은 더욱 안 된다. 그럴 시간 있으면 헬스장에 가서 아령이나 드는 게 낫다. 발 없는 말이 만 리를 간다. 오리발은 CCTV나 블랙박스가 없을 때나 통하는 구시대적 산물이다. 평생 흙만 뒤적이다 흙이 될 몸이다. 그런 몸인데 가식의 삶이 왜 필요한가.

만 겹 치마폭을 질끈 두른 구봉산아! 얼마나 인고했으면 바위 끝에도 물이 드는가. 구봉 인심 함께 빚어 숙성한 그 맛 같은 인생 철학이 그리 쉽게 만들어지는가. 남의 생각이라고 무조건 비판하는 것은 옳지 않다. 지렁이도 밟으면 꿈틀한다. 자존심 건드려 좋아할 사람은 없다.

가능한 한 옷을 잘 입는 것도 인격을 높여주는 한 방법이다. 외모는 생각보다 훨씬 중요하다. 할인점 가서 열 벌 사는 값으로 좋은 옷 한 벌을 사 입는 것이 현명한 방법이다. 보기 좋은 떡이 맛도 좋다 하지 않는가. 인심 좋은 국밥집 주인 아낙도 예쁘게 치장하고 영업장에 서야 손님이 는다.

조의금은 많이 내는 것이 좋다. 부모를 잃은 사람은 이 세상에서 가장 가엾은 사람이다. 사람이 슬프면 조그만 일에도 예민해진다. 2,3만 원 아끼다 보면 나중에 후회한다. 슬픔은 나누면 반으로 줄어든다. 슬픔을 소식하는 건 행복한 길로 가는 지름길이다. 보따리마다 서둘러 챙긴 저당 잡힌 세월이 춥게 느껴지면 이미 때는 늦은 것이다.

수입의 1% 이상을 기부하는 삶은 아름답다. 마음이 넉넉해지고 얼굴이 펴진다. 나누면서 사는 삶은 기쁨을 선물한다. 감동은 일시불로 구입하여 아는 사람들에게 나누어주는 것이 좋다. 그런데 그런 일은 누구나 할 수 있는 일은 아니다. 거기에다 용서는 시원한 동치미 국물을 마시듯 적시에 화끈하게 하는 것이 좋다. 영원히 굳센 체력을 간직한 청년, 아름다움을 구비한 양귀비 같은 처녀는 그냥 만들어지는 게 아니다.

뭐니 뭐니해도 건강만 한 것이 있을까. 아름답고 부드러운 마음의 소유는 건강할 때 가능한 것이다. 소 잃고 외양간 고쳐봐야 잃어버린 소가 다시 돌아오지 않는다. 건강은 건강할 때 지킨다. 건강이 수반되지 않는 삶은 희열이 없는 삶이다.

건강은 평생 넣는 보험금처럼 하루도 쉬지 않고, 불입하며 즐긴다는 의지가 있을 때 보답으로 다가온다.

부모님, 죄송합니다

오늘 친구 부인이 작고하여 당진에 갔다 왔습니다. 이제 나이 칠십입니다. 일 년 이 개월 동안 식물인간으로 있다가 세상살이를 마감했습니다. 돌아오면서 인생은 참 빠르게 가는 것이라는 생각을 했습니다. 허무하다는 생각을 했습니다. 참 안타깝고 슬픈 일이라고 생각했습니다. 후회막급한 일이라고 생각했습니다. 영정 사진은 젊은 시절 적 사진이라 그 사진만 봐서는 너무 젊어 보여 안타까움은 더했습니다.

부모님께서 이 세상 소풍 끝내시고 하느님 곁으로 가신 후 저에게도 많은 시련이 있었습니다. 하늘이 무너지고 땅이 꺼지는 슬픔을 맛봤습니다. 그런데 이겨냈습니다. '자식이 죽으면 가슴

에 묻고, 부모님이 돌아가시면 산에 모신다.'는 말이 맞았습니다. 돌아가시고 한동안은 제 정신이 아니었습니다. 세상에 재미있는 일이 없었습니다. 노래방에도 안 갔습니다. 웃음도 잊었습니다. 그런데 세월이 해결해 주었습니다. 부모님께는 죄송한 말씀인데 세월한테는 고맙다는 생각이 들었습니다. 지금은 부모님의 은덕으로 칠십 넘겨 크게 걱정하지 않고 살고 있습니다. 남은 생도 명예롭게 살 수 있도록 최선을 다하고 있습니다.

문상을 갔다 와서 아내가 곁에 있으므로 해서 세찬 비바람도 이겨내고 있다 생각했습니다. 아내가 있음으로 해서 제 얼굴은 활짝 펴진 낙하산이라는 사실도 발견했습니다. 아내가 있음으로 해서 주머니 가득 사랑을 담고 살아갈 수 있다고 생각했습니다. 아내가 있음으로 해서 '행복의 호수'에서 늘 유영하고 있다고 생각했습니다. 당일도 아내의 심장박동 소리를 들으며 숙면을 취할 수 있었습니다.

대전 당진 고속도로가 생겨 한 시간 반이면 갑니다. 늦은 시각에 출발하여 돌아오는 길은 좀 어두웠습니다. 돌아오는 길 고덕 IC에서 한 8km 정도 들어가면 부모님을 뵐 수 있는 거리인데 그냥 돌아왔습니다.

아버지, 어머니 죄송합니다. 계신 곳을 지척에 두고도 뵙지 못하고 돌아오고 나니 그저 죄송스러운 마음뿐입니다. 용서하십시오. 저는 완벽하게 태어나지 못했습니다. 부모님의 크신 사랑이 아니었다면 지금의 제가 있을 수 있었겠습니까? 저는 기저귀를 뗄 때까지 3,000번 이상 기저귀에 똥을 싸고, 오줌을 싸면서 컸습니다. 그때마다 어머니께서는 찬물에 기저귀를 빨며 시린 손을 '호호' 불었습니다. '엄마'란 말을 심어주기 위해 1년 이상을 반복하여 가르치셨습니다. 걸음마 배우는데 2,000번 이상 넘어졌습니다. 그때마다 일으켜 주시고 다친 무릎을 '호호' 불어주며 자신감을 심어 주셨습니다. 그런 제가 후에는 달리기도 하고, 축구도 했습니다. 그러면서 학창시절을 보내고 직장을 잡아 어엿한 사회인으로 활동했습니다. 연습이 전문가를 만드는 것이라고 가르쳐 주셨습니다. 노력은 저를 배신하지 않았습니다.

어렸을 적 부모님께서 장에 가신 날은 뒷동산에 올라 돌아오시는 모습이 보일 때까지 마을 입구를 바라보면서 숲속의 풀잎 냄새와 새들의 울음소리에 홀려 저녁 늦게까지 산마루턱에서 내려오지 않았던 때도 있었습니다. 아버지의 자전거 꽁무니에 매달린 과자들이 저를 얼마나 기쁘게 했는지 모릅니다.

가정교육에서 가장 중요한 것은 부모가 모범을 보이는 것입니다. 부모님께서는 손수 행동으로 보여주시며 자식들을 가르쳤습니다. 자전거를 타고 가다 동네 어른을 만나면 내려서 인사했습니다. 후에 들은 얘기는 저를 기쁘게 했습니다. '자네 아들은 꼭 자전거에서 내려서 인사한다.'고.

세상에서 가장 손해를 보는 생산 활동은 자식을 낳아 기르는 일이라 했습니다. 자식에게 투자해 부모가 얻는 것은 자식을 잘 키웠다는 보람 말고 또 무엇이 있겠습니까?

'꽃잎은 떨어지지만, 꽃은 영원히 지지 않는다.'고 성 프란치스코가 말했지요. 부모님 역할을 맡았던 여자(남자)는 죽지만, '부모님'은 창세기 이래로 한 번도 죽지 않고 살아있는 영원한 부모상像이라는 사실을 기억하고 있습니다.

가사 장삼과 옷 한 벌 걸망에 지고 다음 수행처를 찾아 떠나면서 행동으로 무소유의 삶을 보여주는 보살들의 삶처럼 부모님은 그런 무소유의 삶도 가르쳐 주셨습니다. 세상의 모든 어머니는 자신의 아기에 관한 한 최고의 전문가라는 얘기가 있습니다. 종소리를 들으면 마음이 살찌고 기분이 상쾌해집니다. 종소리를 들을 때 저는 몸이 편안해지고 심호흡을 하게 됩니다. 그런 종소리를 들려주시는 분이 바로 부모님입니다.

효는 마음이 시키는 일이고, 불효는 세상이 시키는 일이라는 사실을 부모님께서 돌아가신 후에야 깨달았습니다. 또 '살아 한 잔 술이 죽어 석 잔 술보다 낫다.'라는 사실도 깨달았습니다.

부모님, 죄송합니다. 자주 찾아뵙고 인사 올리겠습니다.

차를 마시며

 삶이란 음식을 먹고 배설하는 일체의 활동이기도 하지만, 마음으로 격정의 드라마를 연출하는 작업이기도 하다. 산다는 일은 바로 어제의 일들과 결별하는 일인지 모른다. 삶은 떠나는 뒷모습이 아름다워야 한다. 저승사자 앞에서 큰소리칠 수 있느냐? 끌려가는 것이 아니라 저승사자를 호통치며 물리칠 수 있어야 한다.

 개울가에 앉아 무심히 귀 기울이고 있으면 물만이 아니라 모든 것은 멈추어 있지 않고 흐르고 있다는 사실을 새삼스레 인식하게 된다. 좋은 일이건 궂은일이건 우리가 겪는 것은 모두가 한때일 뿐이다. 우리의 이상은 남을 위하고, 남을 살리는 일을 낙으로 삼는 것이다. 무집착과 자비의 마음으로 행하면 날마다 좋은 날이 된다.

가사 장삼 한 벌을 걸망에 지고 다음 수행처를 찾아 떠나면서 행동으로 무소유의 삶을 보여주는 스님들이 부럽다. 그들은 견물 생심으로 좋아 보이는 것마다 갖고 싶지만, 막상 가지면 그것이 오히려 짐이 된다고 생각한다. 그러니 마음이 편할 수밖에 없다.

죽지 않고 살아 있는 것은, 세월도 그렇고 인심도 그렇고 세상만사가 다 흘러가며 변한다는 사실이다. 인간사도 전 생애의 과정을 보면 기쁨과 노여움, 슬픔과 즐거움으로 어우러지는 한때의 감정이다.

지금 우리가 겪고 있는 경제의 어려움도 지나가는 한때의 현상이라고 나는 믿는다. 이 세상에서 고정불변한 채 영원히 지속되는 것은 아무것도 없다. 어려움을 겪는 이들에게 그것을 극복하는 정신력을 보여줄 수 있다면 좋겠다. 세상일이란 나 자신이 지금 당장 겪고 있을 때는 견디기 어렵도록 고통스러운 일도 지내놓고 보면 그때 그곳에 그 나름의 이유와 의미가 있었다는 것을 뒤늦게 알아차린다. 고통을 이겨내는 것은 결국 위기관리 능력이 아니겠는가? 위기관리 능력은 자신의 됨됨이이며 진면목이 드러나는 경우라고 생각해도 무방할 것 같다.

세상일은 원인 없는 결과가 없듯이 그 누구도 아닌 자신이 파놓은 함정에 빠지게 되는 것이다. 오늘 우리가 겪는 온갖 고통과 이 고통을 이겨내기 위한 의지적인 노력은 다른 한편 이 다음에 새로운 열매가 되는 기폭제가 될 것이다.

요셉이란 인물은 종살이, 옥살이 등 뼈를 깎는 고난의 세월을 거쳐 입지전적인 인물이 된 사람이다. 인동초와 같이 기다리다 보면 자신의 경륜을 펼칠 수 있는 자리에 오르게 된다는 것을 알려준 사람이다. 우리는 비교의 구조에 너무 익숙해져 있고, 그 논리에 마치 무슨 환자처럼 중독돼 있다.

꽃이 어디서나 아름다운 이유는 순간순간 자기 할 일을 하면서 고통을 이겨냈기 때문이 아닐까? 과거에 연연하지 않는 것이 좋다. 그렇다고 미래만을 내다보는 것도 좋지 않다. 현재를 살펴 오늘에 충실하는 것이 내 삶을 살찌우는 일이다. 고통을 잘 이겨낸 사람의 얼굴에는 막 세수를 하고 난 사람의 모습처럼 그 표정엔 맑은 고요가 가라앉아 있다.

나무 한 그루 없이 거친 모래만 날리는 사막에 어린 풀들이 살아가고 있었다. 그 풀들은 사막을 날아다니는 생명이었다. 새처럼 마른 풀로 날아다니다가 어쩌다 일 년에 한 번 잠깐 비를 만나면, 그 사이에 얼른 땅에다 뿌리를 내려 종족을 번식시키며 사막의 삶을 이어가고 있는 풀들이었다. 사막에서 고통을 견디고 결핍을 함께 이겨내는 겸허한 절제야말로 진정한 양수기가 된다.

　인간이 한 번의 생을 살면서 남기는 흔적은 여러 가지다. 그중에서도 번뇌와 욕심으로 각인된 발자국은 결코 뒷사람이 따르거나 배울 것이 못 된다. 이 어려움을 어떤 방법으로 극복하느냐에 의해서 미래의 모습은 결정된다. 고통을 이겨낸다는 것은 자기를 버리고 낮은 곳으로 걸어갔다는 점에서 어떤 위인전보다도 더 감동적이다. 호수는 일종의 거울처럼 옆에 있는 나무의 그림자를 담는다. 물론 나무가 걸어들어와 물속에 누워서 그렇게 보이는 것은 아니다. 호수는 나무를 반사할 수 있는 성품 또는 나무의 형상을 자체 내에 갖고 있는 것이기에 그럴 것이다.

　사람들을 차별하지 않는 사랑, 양심을 물질에 팔지 않는 자유, 거짓을 말하지 않는 용기, 해야 할 일을 미루지 않는 성실함, 말과 행동이 어긋나지 않는 성숙함, 잘난 체하지 않는 겸손, 잘못한 것을 남의 탓으로 돌리지 않는 떳떳함 등을 가진 사람의 인품은 고매 그 자체다.

　그들의 고매한 정신은 후세에까지 영원히 살아서 인류와 함께한다. 고통을 이겨내고 누리는 기쁨이 한 보따리 넘지 않게 마지막을 정리할 수 있는 삶은 추앙받는다. 지금도 가끔 남을 살리기 위한 죽음과 남을 죽이기 위한 삶을 혼동하는 사람이 있음이 안타깝다.

반성 샤워

나는 매일 저녁 잠자리에 들기 전에 하루를 마감하는 '반성 샤워'를 한다. 나의 생활철학 '일, 십, 백, 천, 만'은 언제부턴가 내 생활 깊숙이 자리하고 있다. 그 중의 '백'은 하루에 '백 자 이상 쓰는 것'이다. 하루를 반성하는 일기를 쓴다. 오늘은 '말을 함부로 하면 명이 단축된다.'는 주제로 썼다. 험담을 하고, 악담을 많이 하는 사람 치고 잘 되는 사람을 보지 못했다. 타인의 장점이 수없이 많은 데도 굳이 단점만을 들어 얘기하는 심사가 무엇인가. 그 사람의 가슴속에서는 어떤 것들이 자라고 있길래 꼭 단점만을 들어 얘기하는가? 그것도 본인이 없는 자리에서.

말을 함부로 하는 사람에게 적절한 답변으로 그 사람을 곤경

photo work by g s hil

에 빠지게 하는 경우도 보았다. 하고 많은 말 중에 왜 그런 말을 골라 쓸까. 이해가 되지 않았다. 그 사람은 몇 달째 병마와 싸우다 오랜만에 모임에 나온 친구였다. 한다는 얘기가 '너 얼굴이 많이 상했다.'였다. 문병 한 번 안 간 친구의 말이다. 친구는 무슨 친구인가? 그게 할 소리인가? 그에 대한 답변이 너무 멋졌다. '응, 내 몸 오랫동안 박물관에 전시됐었어. 됐냐?' 주위에 있던 친구들이 그렇게 통쾌할 수가 없다는 표정을 지어주었다.

가을이 되면 가을이 국화 송이에 담겨 노란 웃음을 선사한다. 천년이고 만년이고 위세를 떨칠 것만 같던 여름도 어느새 가을의 반항으로 무너진다. 악담이나 험담을 주로 하는 사람이 오래 갈 수 없는 것과 같은 맥락이 아닌가. 역지사지할 줄 알고, 겸손을 생활화하는 사람이라면 더없이 좋을 것 같다. 학원에라도 다녀서 근사하게 인격을 성숙시키는 법을 터득했으면 하는 바람이다.

반성 샤워는 에고의 먼지를 씻어준다. 몸이 청결해진다. 육체적인 청결이 아니다. 정신적 샤워다. 그러면 마음은 기쁨을 회복하여 내적, 외적으로 평안한 마음의 소유자가 되게 해준다. 에고의 먼지는 자기 마음 안에 쌓인 나쁜 감정의 조각들이다. 내 아집 때문에 생긴 앙금, 응어리, 분노의 찌꺼기를 씻어내야 진정한 삶의 기쁨을 만끽할 수 있다. 성실하고 겸손한 인품을 갖게 한다.

잠자리에 들 때마다 몸만 씻지 않고, 마음도 함께 씻어내는 반성 샤워는 나를 좀더 성숙한 인격체로 만들어 준다. 내가 아무리 잘났다고 소리쳐 봐도 상대방이 인정해주지 않으면 그건 공염불에 지나지 않는다. 반성 샤워는 편안한 잠자리를 제공해 줌과 동시에 다음 날 맑고 강해진 나를 만나게 해준다.

모기 한 마리 죽일 수 없고, 나뭇가지 하나 꺾을 수 없는 성정을 가진 사람은 반성 샤워를 자주 하는 사람일 게다.

오늘 어떤 방송에선가 자녀를 여럿 둔 부부가 아주아주 행복하게 살아가고 있는 모습을 보여주었다. 가족사진에 담긴 사람 수가 모두 여덟이었다. 부부를 빼니 자식들은 여섯이었다. 그 프로그램을 시청하고는 '아! 저분들은?' 그저 말문이 막혀왔다. 가족사진을 찍어 벽에 걸었는데 자식들의 나이 차가 굉장히 났다. 큰 자식들(삼 남매)은 이십 대가 넘어 모두 직장을 갖고 있었다. 그 밑에 동생들은 딸이었는데 모두 셋이었다. 그런데 가족사진을 찍고 난 후에 또 한 명의 딸이 생겨났다. 이제 아홉 식구가 되는 셈이다. 밑으로 어린 나이의 네 딸들을 거느린 부부가 꾸미는 가정이 너무나 행복해 보였다. 네 딸은 여덟 살, 여섯 살, 네 살, 두 살이었다. 청소하고, 물건 정리하고, 반찬 만드는데 열심히 돕고 있었다. 큰 아이와 둘째 아이는 동생을 정성껏 보살펴 주었다.

알고 보니 그 딸들은 가슴으로 낳은 딸들이었다. 자신의 아들 딸들과의 협의 과정에서도 어려움이 없진 않았을 것이다. 입양하여 키운다는 게 어디 그리 쉬운 일인가? 이 부부가 나에게 주는 신선한 선물은 가치로는 환산할 수 없는 감동 그 자체였다. 상경하애上敬下愛하는 화목한 가정이었다. 말은 쉽게 할 수 있을지 모르나 결코 해내기 어려운 결정이 아니었겠는가?

하루 세 끼 식사로 육체의 건강을 돌보듯 하루 한 번의 반성 샤워로 인간사랑 정신을 터득할 수 있다면 더 없이 좋은 것 같다. 정신이 피폐한 사람일수록 반성이 없다는 말은 동서고금을 막론하고 통용되는 말인 것 같다.

오늘 밤도 나는 반성 샤워로 좀 더 베풀고 배려하는 사람으로 거듭나고 싶다.

행복을 느끼며 사는 삶

 꾀죄죄한 흙탕물 뒤집어쓰고 폐차장에 누워 있는 몰골이라고 깔보면 안 된다. 나도 언젠가는 요양원에 들어갈 수 있다는 것을 알고 있으면 된다. 번지 없는 밭이랑에 들꽃처럼 피었다 가는 것이 인생이다. 누구나 흙냄새에 몸을 적시며 참새 몰던 들녘 아이로 되돌아가고 싶다는 생각을 갖고 있다.

 염불 소리 흐르는 뜨락에 탑이 되어 서고 싶다는 생각으로 살아가면 좋으련만. 자신의 몸 속 욕망의 피 죄다 흘려보내고 증오와 사악과 부정의 칼을 버리고 나뭇잎처럼 잎을 떨구어 비우는 것은 그리 어려운가 보다. 하나라도 더 움켜잡으려 안달하는 사람은 수의에 주머니가 있다고 생각하는 사람이 아닌지 가끔 혼

동하는 경우가 있다. 티끌도 짐이 될까 봐 두 손 털고 떠나는 사람을 보면 존경스럽다. 물이 산을 두고 가지 않고 산 또한 물을 두고 가지 않는다. 가난해도 마음이 풍요로운 사람은 아무것도 소유하지 않고 있는 것처럼 보이지만 실제로는 많은 것을 소유한 사람이다.

꽃 한 송이로 멀리까지 향기를 전하는 매화처럼, 마른 가지에 노랗게 불붙는 개나리처럼 함께 기대면서 뻗어 나가는 삶을 사는 사람은 존경스럽다. 슬픔을 배우지 않아도 되는 사랑은 투명한 햇살 속에 자신의 몸을 쑥쑥 자라게 한다. 나무는 푸른 힘을 아이들에게 선물한다. 나무가 자라는 것처럼 아이가 자라고 인격이 자란다. 우체통마다 연둣빛 언어들이 튀어나오는 소리로 가득하다. 희망에 찬 메시지다.

햇빛은 어느새 교실 깊숙이 들어와 창밖의 오래된 나무 그림자를 아이들의 공책 위에 눕혀 놓는다. 생각에 잠긴 은행나무 땅에 떨어져 제 뿌리를 그리워하면 됐지 뭘 그리 잘났다고 정상만 바라보고 살려 하는가. 열 지어선 나무들도 욕심을 버려 산기슭은 평온한데 인간 세상은 그렇지 않다. 물고 할퀴고 자빠뜨리고 온갖 추악한 모습을 다 보여준다.

들꽃 같은 아이들이 나를 처음으로 선생님이라 불렀을 때 교실의 칠판은 오월의 보리밭처럼 푸르렀다. 그때 내 책상 위에 삶은 달걀 몇 개 놓아두고 봉숭아꽃처럼 얼굴이 빨개져 달아나던 아이들이여! 보고 싶다. 나에게는 그때가 행복했었다.

늦은 밤이나 새벽 숲속에 가면 나무들이 희망을 빨아올리는 소리로 산이 떠들썩하다. 얼마나 아름다운 음향인가? 주위 돌아보지 않고 자신이 갈 길만을 가고 있는 나무들이 부럽다. 숲은 깔깔거리며 나의 온몸에 초록 피를 주사한다. 겨울나무 되어 스스로 몸을 비워내고 있는 자신을 발견했을 때 느끼는 희열은 무척 가치 있다. 그런 사람들은 입속을 헹궈낸 한 모금의 소금물로도 입 내음이 향기롭다.

아내가 외출한 사이 FM을 수돗물처럼 틀어놓고 한가로움을 즐긴다. 혼자 있을 때는 남을 의식하지 않아 좋다. 나에게 주어진 특권 중의 특권이다. 사랑한다 말해주고, 아무 말 없이 다가와서 꼬옥 안아주고, 단점마저도 웃으며 칭찬해 줄 때 상대는 행복해한다. 남과 비교하면서 자존심을 죽일 바에는 '역지사지'라는 사자성어의 뜻이나 찾아보는 게 좋다. 역지사지하다 보면 미움은 사랑을 낳고, 반목은 웃음을 피우게 한다. 깨끗하고 상쾌한 비누 향기는 아무한테서나 맡을 수 있는 향이 아니다.

남이 보기 부러워할 정도의 여유 있는 사람은 모든 것이 행복해 보일 듯하지만 실제로는 마음이 추울지도 모른다. 굴렁쇠 굴리며 달려오는 세월도 더듬어보는 여유를 갖고 살 수 있다면 좋겠다. 어려움을 아는 사람은 행복의 조건을 알지만, 모든 것이 갖추어진 사람은 만족을 모를 터이니 마음이 추운 겨울 같을지도 모른다. 그런 때 수줍은 웃음 한두 점 청자분에 받쳐 들면 오죽 좋을까.

몸이 추운 것은 옷으로 감쌀 수 있지만, 마음이 추운 것은 어떻게도 해결하기가 힘든다. 사는 기준이 다 같을 수 없는 것처럼 행복의 조건도 하나일 수는 없다. 잠에서 방금 깨어난 동자승의 얼굴은 누구나 향유할 수 있는가. 빛바랜 안강망에 걸린 저녁놀이 더 아름답게 치장될 수 있도록 하고 싶다.

생긴 모양새가 다르면 성격도 다른 법이다. 가진 것이 적지만 행복을 아는 나였으면 좋겠다. 그러면 나는 행복과 기쁨을 일궈낼 수 있는 착한 농부가 될 수 있을 것이다. 벌 받던 아이가 남기고 간 쪽지의 여백에 반성문 한 줄 적어 넣는다. 너희에게 미처 가르치지 못한 잘못을 이제야 후회한다고. 이러면 저수지의 별들도 기뻐서 형광빛으로 뜰 것이다.

남과 비교할 때 행복은 멀어진다. 조롱 참외를 키워낸 개똥같이 내가 한 생명을 일으켜 세울 수 있을 때까지 비교하지 않는 삶을 살 수 있다면 얼마나 좋을까.

　감사하는 마음 하나만으로도 행복의 주인공이 될 수 있다는 마음으로 오늘도 욕심부리지 않고 비교하지 않으면서 살고 싶다.

행복과 희망은 내가 만들어가는 것

항상 투덜거리는 사람은 그가 비록 에덴동산에서 태어났다 하더라도 불평만을 찾아내고, 어디를 가더라도 항상 행복해 보이는 사람은 자신을 둘러싼 주위환경에서 늘 아름다움과 은총을 찾아내려 애쓴다. 사랑, 노래, 춤 등은 사람이 살아 있음을 증명하는 생명력의 빛나는 표상이다. 이는 행복을 추구하는 사람의 것이다.

기쁘고 좋을 때는 물론이고, 지치고 무너지고 흔들릴 때, 사랑하고, 노래하고, 춤추면 생기가 돈는다. 잃었던 균형을 되찾게 되고, 꺼져가던 생명력도 다시 살아난다. 꿈을 가진 사람은 어떠한 상황도 견뎌내면서 행복과 희망을 만들어낸다.

그래서 가장 불쌍하고 가엾게 사는 사람이란 기회와 희망 없이 사는 사람이라고 하는 것 같다. 꿈을 가진 사람은 어떤 장애물도 두려워하지 않는다. 장애물이 꿈을 가로막는 것이 아니고, 그 꿈을 실현시키는 징검다리가 된다는 것을 알고 있다.

세계적으로 유명한 코카콜라의 '더글라스 대프드' 회장이 신년 메시지에서 했다는 다음 이야기는 유명하다. '인생은 '경주'가 아니라 한 걸음씩 음미하는 '여행'이다. 어제는 '역사'고, 내일은 '미스터리'이며, 오늘은 '선물'이다. 그렇기에 우리는 현재를 '선물'이라고 부르는 것이다.'

이 짧은 글귀 속에 우리들한테 전하고자 하는 핵심이 숨겨져 있음을 알 수 있다. 자신의 발로, 생각으로 한 걸음 한 걸음 내딛다 보면 행복과 희망을 쟁취할 수 있겠다. 뚜렷한 목표를 가지고 걸어 나가면 이루어내지 못할 일이 없다. 세상을 살아가는 특별한 비법이 따로 있을 수 없다. 황소처럼 비록 늦은 걸음이라도 쉬지 않고 앞을 보고 걸어가는 것이다. 어디를 향해 걸어가느냐 하는 것이 바로 현명한 사람이 가지고 있는 목표이다. 행복은 하늘에서 그냥 굴러떨어지는 것이 아니다. 꿈을 가지고 열심히 사는 사람에게 주어지는 선물이다. 술친구 옆에 술친구가 모이고, 우등생 옆에 우등생이 모이듯 열심히 사는 사람, 그래서 늘 행운이 따르는 사람의 손을 잡으면 자기도 모르게 열심히 살게 되고, 행복의 선물도 받게 된다.

　행복이란 마음속에 잠재해 있는 것이다. 내가 하고 있는 일과 직업을 사랑하고, 내 주위의 사람들을 사랑하고, 동시에 나를 사랑한다면, 쉽게 행복은 내 곁으로 온다. 희망을 마음속에 갖고 있다면 어떤 어려움도 견디어낼 수 있듯이, 절대적으로 꿈과 희망은 포기하지 말아야 될 것이라는 생각이다.

　꿈과 희망을 지니고 있는 한 어떠한 시련과 고난과 역경도, 슬기롭게 극복하면 행복의 길로 들어설 수 있다. 그러기에 현재를 사랑하는 우리들에게 행복으로 들어가는 문은 항상 열려 있다는 생각이다. 무언가를 늘 끌어당기는 힘을 가진 사람이 있고, 그 반대로 모든 것을 늘 밀어내는 사람이 있다. 사람을 끌어당기고, 사랑을 끌어당기고, 행복과 희망을 끌어당기는 힘의 비결, 그것은 먼저 베푸는 것이다. 베풀면 줄고 없어지는 것이 아니라 몇 배로 증식되어 되돌아오는 그 신비로운 원리를 체험을 통해 알아내는 사람은 오늘이 행복하고 내일은 더 행복하다.

　그러나 이 행복의 문을 두드리는 사람이 과연 '자신'들이라고 말할 수 있는지, 마냥 행복이 오기만을 기다리는 어리석은 사람들은 아닌지 생각해 볼 일이다. 그 해답은 본인들 각자가 갖고 있지 않을까 싶다. 사람은 가끔씩 불행의 경험을 겪기도 한다. 대다수 사람들은 그때 주저앉거나 무너지지만, 진정으로 강한 사람은 그 역경을 딛고 일어선다. 그래서 역경 이전에는 전혀 보지 못했던 성공의 길을 발견하게 된다. 그 길이 행복의 길로 들어서는 첫 관문이다.

'현재'라는 시간 속에 내가 존재한다는 것을 과연 신이 주신, 엄청난 '선물'이라고 생각하고 있거나 한 건지 자신에게 물어본다.

나는 알고 있는가? '힘든 훈련'은 선수들만의 전유물이 아니라는 사실을. 삶도 사업도 공부도 행복과 희망의 쟁취도 힘든 훈련의 연속이라는 사실을. 선수들 사이에 통용되는 '서로 골려주고 웃겨라.' 보다 '서로 안아주고 웃겨라.'가 한결 더 좋아 보인다. 주고받는 좋은 기운에 힘들어도 힘든 줄을 모른다. 행복과 희망의 쟁취가 하늘에서 그냥 굴러떨어지는 것이 아닌 것은 분명하다.

마음에서 피어나는 꽃

　세상에서 가장 행복하다 느끼는 사람은 누구일까? 어떤 사람이 가장 행복한 사람일까? 곰곰 생각해 본다. 주위를 둘러보면 행복하여 얼굴에 환한 웃음을 달고 있는 사람이 있는 반면, 어떤 이는 종일 웃음 한 번 띠지 않고 지내는 사람도 있다. 행복은 어디에 있는 것일까? 부잣집 곳간 속에 들어있을까? 평범한 사람의 통장 속에 들어있을까? 아니면?

　행복의 조건은 여기저기에 셀 수 없을 정도로 많이 놓여 있다는 생각이다. 먹고 사는 일상적인 일에 매달려 정신을 빼앗기고 지내느라 참된 자기의 모습을 까맣게 잊어버리고 살아가고 있기에 그걸 모르는 것이 아닐까?

이 풍진 세상을 무엇 때문에 사는지? 어떻게 사는 것이 내 몫의 삶인지를 망각한 채, 하루하루를 덧없이 흘려 보내버리는 사람이 행복해지고 싶다면 이것저것 챙기면서 거두어들이는 일을 우선 멈추라고 권하고 싶다.

지금 내가 지니고 있는 것만으로도 얼마든지 행복해질 수 있는데 사람들은 그걸 간과한다. 그렇기에 행복은 꽃 피고 새우는 유토피아 같은 곳에나 존재하는 것으로 생각하는 사고를 버려야 진정한 행복을 추구할 수 있다. 행복은 밖에서 오는 것이 아니라 내 마음에서 꽃처럼 피어난다. 그걸 간과하지 않았으면 한다.

내가 행복해지려면 먼저 내 이웃을 행복하게 해주는 것이 우선이다. 그래 어떤 시인은 사랑받는 것보다 사랑하는 것이 더 행복하다 했는지도 모르겠다. 이웃과 나는 한 생명의 뿌리에서 나누어진 가지이기 때문에 이웃의 행복이 곧 내 행복으로 이어진다. 그걸 모르니 행복과 담을 쌓고 사는 것이 아닌가.

소원했던 친구에게 가을날 정감 넘치는 편지를 쓴다든지, 전화를 걸어 정다운 목소리로 안부를 묻는 일은 돈 드는 일이 아니다. 요즘은 손편지를 구경하기가 무척 힘들다. 사무적인 인쇄 편지 속에는 따스함이 없으니 행복을 건져 올릴 수가 없다. 나는 손편지를 자주 쓰는 편이다. 받으며 기뻐할 모습을 그리며 편지를 쓴다. 그의 이름을 일기장에 빽빽하게 적어놓는 것처럼 편지에도 그렇게 쓴다. 이름은 부르라고 지어놓은 것이 아닌가? 편지를 받을 상대가 작고 예쁜 새라면 난 그 새가 맘 놓고 앉아 쉴 수 있는 가지 무성한 나무가 되고 싶다.

모든 것을 돈으로만 따지려는 각박한 세태이기 때문에 돈보다 더 소중하고 따뜻한 마음을 나누는 일이 행복해지는 비결이라는 걸 알았으면 한다. 어느 시인도 말하지 않았던가? 돈은 바닷물과 같아서 마시면 마실수록 목이 마른 것이라고.

구름은 희고, 산은 푸르며, 시냇물은 흐르고, 바위는 서 있듯, 친구 또한 그곳에 그렇게 있지 않은가? 가을밤이면 하늘은 높고 별빛은 영롱하게 빛난다. 도시에서 별 볼 일이 어려울 테니 방안에 별빛을 초대하면 어떨까 싶다. 그리고 대화를 나누다 보면 내가 천상소년이요, 소녀가 된 듯한 감흥에 젖을 것이다. 술을 마시다 문득 목소리가 듣고 싶어 전화했노라는 사람이 내 곁에 있다면 더 없는 영광이겠다. 내 목소리만 들으면 멀리 있어도 비누 향기 나풀거리는 향긋한 사람이라고 칭찬해주는 사람이 있다면 영광이겠다.

사람마다 취향이 달라 아무나 그렇게 할 수는 없겠지만, 주거 공간에서 혼자만의 자유를 누릴 수 있는 여건이 허락된다면 시

끄러운 텔레비전 스위치를 잠시 끄고, 전등불도 좀 쉬게 하고, 안전한 장소에 촛불이나 등잔불을 켜보면 어떨까?

아무 생각 없이 한때나마 촛불이나 등잔을 무심히 바라보고 있으면 마음이 아주 고요하고 그윽해질 것이다. 마음에서 피는 꽃은 영원히 시들지 않는 하늘나라의 꽃이다. 내가 상대에게 'NO'라는 대답을 'YES'처럼 들리게 만드는 사람, 길을 묻고 싶어지는 친절한 사람, 나 없으면 하루도 못 살 것 같은, 자기를 챙겨주는 사람이라고 인식되는 사람이었으면 정말 좋겠다.

행복은 가꾸어 나가는 마음의 나무

'네 잎 클로버'를 식용으로 재배하는 사람이 있다. 그가 재배하는 하우스에 들어가면 모두가 네 잎 클로버다. 네 잎 클로버는 '행운'을 뜻한다 하여 사람들의 사랑을 받는다. 그럼 '세 잎 클로버'는 무슨 뜻을 가지고 있을까? 다름 아닌 '행복'이다. 들판에 나가 보자. 클로버가 있는 곳엔 모두 세 잎짜리다. 그래서 가뭄에 콩 나듯 어렵사리 보이는 네 잎 클로버를 찾으면 행운을 찾았다 하는지도 모른다. 그 하우스에선 네 잎 클로버뿐만 아니라 다섯 잎, 여섯 잎짜리도 있었다. 유전자 변형으로 만든 것들이었다.

나무가 자라기 위해서 매일 물과 햇빛이 필요하듯이 행복이 자라기 위해서는 아주 작은 일에도 감사하는 마음이 필요하다.

내가 가진 것이 없어 보이는 건 가진 게 없는 게 아니라 자신에게 만족할 수 없기 때문이다. 얼마나 더 가져야 만족할 수 있는가? 욕심은 깨진 항아리에 물을 붓는 것과 같은 것이니 무한대의 충족이라도 마음가짐에 따라서는 그것도 부족한 것이 아닌가?

앞뒷면이 각각 다른 얼굴을 하고 있는 야누스는 사는 게 힘이 들 때면 자신의 건강함에 감사했다. 아이들의 웃음을 행복으로 보고 아무 일도 없던 늘 그런 일상에 감사하며 사는 일은 좋은 일이다.

때론 뉴스에 나오는 일가족 교통사고에도 내 가슴을 쓸어내리며 행복을 훔쳐보곤 한다. 행복을 저금하면 이자가 붙는다. 삶에 희망이 불어나는 것과 같다.

지금 어려운 건 훗날 커다란 행복의 그늘을 만들어 줄 것임을 믿는다. 사람과 부대끼며 살아가는 건 두려움이 아니라 행복의 자잘한 열매라는 생각이다. 친구와 포도주는 오래될수록 향기가 진하다. 그런 향을 맡을 수 있다면 행복하다.

썩은 열매는 스스로 떨어지고 탐스러운 열매만이 살찌우게 된다. 행복하고 싶다면 지금 당장 마음의 밑바닥에서 시들어가는 행복을 꺼내고 키워야 한다. 허욕과 이기심의 강물이 범람하거든 좋아하는 꽃을 찾아 나서라. 풀꽃에게서 행복을 얻을 수 있다. 비바람 이겨내고 혹한과 혹서도 이겨낸다. '오늘 뜨는 달은 당신이 가지세요.'라는 말을 할 정도라면 큰 욕심이 없는 사람이다.

할 수 있는 것을 하지 않는 것은 죄다. 누군가 나를 안타까운 눈으로 지켜보고 있다면 보여주라. 그게 행복의 시작이 된다. 할 수 있다. 그리고 해야만 한다.

내 존재의 가벼움은 처음부터 없는 것이다. 사랑받고 있음을 잊으면 안 된다. 잠시 일상의 중독에서 벗어나 따스한 햇살과 교우해 보자. 근심 걱정을 저울에 올려놓기는 하되 그가 가리키는 숫자는 볼 필요가 없다. 지나치면 저절로 사라지는 것이 그것이니까.

세상은 다 그렇게 살아가는 것 같지만 꼭 그런 것만은 아니다. 많은 사람들이 부유하기 위해서만 사는 게 아니라는 걸 알게 된다. 사는 모습이 다 다르듯 보는 눈도 달라져야 여러 모습을 볼 수 있다. 한가지의 눈은 하나만 보게 된다는 걸 잊지 말아야 한다.

풀무질을 했다. 담금질과 망치질도 했다. 푸르게 벼려진 도끼를 들고 자작나무 숲으로 들어갔다. 좋은 나무 한 짐만 하고 싶다. 아궁이에 지펴져 윤기 흐르는 쌀밥 한 그릇 짓고 싶다. 아랫목을 따뜻하게 데우고 싶다. 소박한 꿈이다. 이런 꿈을 가진 사람의 가슴에서는 행복이란 것이 스멀스멀 기어 움직이며 날갯짓을 할 것이다. 안개는 땅을 밟지 않는다.

 가진 것은 언제든 잃을 수 있지만 내 행복은 내가 지킬 수 있는 것이다. 사람은 죽어서 가족과 재산과 선행이란 세 가지를 세상에 남긴다. 그러나 선행 이외에는 과히 대단한 것이 못 된다고 탈무드는 얘기하고 있다. 선행을 많이 베푼 사람은 아마도 행복하게 세상을 하직했을 것이다. 선행은 숨길수록 커지고, 나타낼수록 작아진다.

 행복은 가꾸어 나가는 마음의 나무이다. 마음의 나무를 키우면 행복은 저절로 찾아온다. 행복을 가꾸는 사람은 내일을 가꾸는 사람이다. 농부들의 특권은 무엇인가? 그들에게 주어진 특권은 바로 흙이 살아가는 소리를 들을 수 있는 것이다. 그들에게 주어진 행복이다.

오늘도 좋은 일이 생길 겁니다

　화장실에 가서 본 내용이다. 하루를 살면서 가장 많이 가는 곳 중 한 장소가 화장실이다. 우연히 눈을 들어보니, 앞에 짤막한 글귀가 조그마한 메모지에 적혀 있었다. "당신에게 오늘 기쁜 일이 일어날 것입니다." 더도 덜도 아닌 그 한 마디. 피식 웃고 나왔는데 이상하게도 그 한 줄의 글귀가 계속 머릿속에 남았다.
　왠지 정말로 나에게 좋은 일이 생길 것 같은 느낌. 그 날은 매우 상쾌한 기분으로 하루를 보내고 집으로 돌아오는 길에 또다시 그 글귀가 생각났다.
　집으로 가는 지하철 안의 사람들이 짜증을 내지도 않았고, 지하철에서 내려 한참을 걸어가야 하는 내 조그만 집이 내가 쉴 수 있는 평화로운 장소인 듯한 포근한 느낌, 약간 후덥지근한 날씨가 시원하게 느껴졌고, 어두운 길에 빛을 밝혀 주는 낡은 가로등이 친근하게 느껴지고, 그 위에 떠 있는 달이 환하게 웃으면서 나를 맞아 주는 그런 풍족한 느낌, 얼굴에 저절로 부드러운 미소가 새겨지고, 내일도 나에게 좋은 일이 생길 것 같은 희망, 단 한 줄의 글귀. "당신에게 오늘 좋은 일이 생길 겁니다." 이미 생겼는지도 모르겠다. 이름도 모르는 매력 있는 사람을 만나 매력 포인트를 배우고, 상대의 매력을 더 돋보이게 한 하루였다.

아마도 내일 그 글귀가 또 생각날 듯싶다. "오늘 당신에게 좋은 일이 생길 겁니다." 그럴 거다. 매일 매일 좋은 일이 생길 것이다.

성공한 삶이란 권력과 명예, 부富를 쌓은 삶이 아니라 매일 밤 편안히 잠들 수 있는 삶이라고 나는 생각한다. 양손에 떡을 쥐고 나무를 오를 수 없듯이 하나를 쥐면 하나를 놓아야 하는 것이 세상 이치다. 욕심을 버리지 못하면 편안한 잠을 잘 수가 없다. 처음부터 성실하지 못하면, 최선을 다하지 않으면 성공은 강 건너 불 보기다.

자연이 티 없이 맑은 바람을 만나 나무를 흔들어 꽃을 피우게 하고, 벌나비를 불러 모아 열매를 맺게 도와준다. 백 번 각오하고 다짐하는 것보다 한 번 제대로 깨닫는 것이 중요함을 안다.

상대의 뛰어남을 알아보고 그것을 받아들이는 사람이 진정 큰 사람이라는 생각이다.

내 가슴에 숨기고 있는 날카로운 마음을 지우고 감춘 비수를 버려야 대화, 타협, 소통이 가능하다. 들꽃은 무리 지어 필 때 더욱 아름답고, 사람은 서로 어울릴 때 더욱 향기롭다. 헤엄이 서툰 물고기, 키가 자라지 않는 나무, 덜 예쁜 꽃, 빠른 거북이와 느린 토끼의 다름과 차이를 볼 줄 안다. 서로 사랑해야 함을 안다.

내가 아닌 상대의 입장에 설 때 들리지 않던 것이 들리기 시작한다. 내 마음을 붙들고 있는 것이 무엇인지 분별하여 그것을 내려놓아야 진정한 자유를 얻는다. 용서가 그 자유의 첫걸음이다.

간절히 구하려면 소리를 높이라 하는 사람도 있지만, 나는 침묵도 간절한 기도가 아닐까 생각한다. 꽃보다 사람이 아름답다 했다. 모두가 귀한 존재로 태어나 행복한 삶을 꿈꾸며 살고 싶어 한다. 좋은 일이 일어나기를 희망한다. 상처 주거나 미워하지 말고 존중과 배려로 살아가야 하는 오늘이다. 성심성의껏 술잔을 따르듯 마음도 그렇게 따라 상대에게 주면 좋다.

지혜는 머리가 아니라 고요하게 흐르는 마음에서 나온다. 좋은 마음, 좋은 관계, 좋은 소통 속에 고요하게 잘 흘러야 올바른 지혜가 솟아 나온다.

신선한 공기, 빛나는 태양, 맑은 물, 친구들의 사랑…. 이런 것들이 내 곁에 항상 자리한다는 건 나에게도 희망이 있다는 걸 알려주는 징조다.

겁내지 않고 하늘을 나는 꿈을 꾸는 사람은 성공한다. 내일의 꿈도 꿀 수 있다. 나는 살아가는 데 도움을 줄 올바른 질문을 얻기 위해 오늘도 강물 소리에 귀를 기울인다.

어느 날 어느 순간 내가 혼자임을 느낄 때가 있을 것이다. 지구의 한 귀퉁이에 내동댕이쳐진 듯 홀로 처절한 고독감을 맛볼 때가 있을 것이다. 그러나 사실은 그렇지 않다. 혼자가 아니다. 아픈 마음을 추스르고 주변을 잘 살펴보면 나에게 기쁨을 줄 사람이 얼마든지 있음을 발견한다. 아주 가까운 곳에….

글로 사귄 소중한 인연들

글을 쓰기 시작한 지 꽤 오래 됐다. 그간 시집, 수필집을 여러 권 냈다. 전국의 문인들과 발간된 책을 주고받다 보니 친구가 많이 생겼다. 학생 시절 즐겨 하던 펜팔이라는 용어가 새삼 생각날 정도다. 글을 통해 친구를 사귀었다. 정호승 시인은 '친구는 한 사람이면 족하고, 두 사람이면 많고, 세 사람이면 불가능하다.' 했는데 나는 그렇게 생각하지 않는다.

나는 책을 받으면 그 책을 읽고 독후감을 써 보낸다. 가능하면 좋은 말로 장점을 찾아 칭찬한다. 그러면 10~20%는 어떠한 식으로든 답장을 보낸다. 메일이든, 문자든, 친필 편지든 말이다. 그리하여 친구로 맺어진 사람이 고희를 넘겨 여러 명이 되었다.

어쩜 글을 그리도 잘 쓰는지 그들의 눈은 그야말로 물안개 피어오르는 맑은 호수 같다는 생각을 지울 수가 없다.

글을 쓰면서 나는 낙천적이고 긍정적인 자세를 가져야 건강한 삶을 살 수 있다는 것을 배웠다. 삶을 대하는 자세가 바뀌면 육체적인 건강에도 커다란 변화가 생긴다는 것도 알았다. 나는 글을 주고받으면서 좋은 말 한마디, 격려의 손길 한 번, 칭찬하는 한마디를 하는 것이 얼마나 좋은 것인가를 알 수 있었다.

카톡을 주고받으면서도 가난하고 힘이 없어서 나눌 것이 없다고 생각하는 것이 아니고, 사실은 '나누려는 마음'이 가난하고, '나누는 능력'이 결핍되어 '나눔의 행사'에 참여하지 못하고 있다는 것을 알았다. 그러면서 꽃을 꽃으로만 볼 수 있는 순수한 눈을 가질 때, 이 세상의 모든 장벽은 허물어진다는 것도 알았다.

글을 주고받으면서 그들에게서 향내를 맡을 수 없는 것은 그들에게 향기가 없어서 그런 게 아니라, 내가 이미 그들에게 도취되어 있기 때문이며, 거기에 오래전에 길이 들어서 내 것인지, 그들의 것인지 구별할 수 없게 되었기 때문이라는 것도 알았다.

만남의 인연이란 무엇인가를 생각해 본다. 나와 그들은 우리들의 잘 숙성된 글에서 서로 마음을 읽게 하고, 볼 수 없는 두 눈은 마음을 볼 수 있는 마음의 눈동자를 만들어간다는 것을 발견했다. 변화의 가장 좋은 촉매제는 칭찬이 아니겠는가. 한 심리학자의 칭찬과 비판의 영향을 분석한 연구결과에 의하면 한 번의 비난에 의한 상처를 치유하려면 아흔아홉 번의 칭찬이 있어야 한다고 했다. 칭찬은 참 좋은 무기다. 적절한 칭찬은 위대한 힘을 발휘한다. '칭찬하라. 칭찬하는 훈련을 하라. 역시 당신이 최고이다.' 이 한마디에는 최고가 아닌 사람일지라도 최고로 만드는 무한한 에너지가 숨어 있다는 것을 알게 된다. 서로가 서로를 칭찬하는 가운데 나와 그들의 건강도 그만큼 좋아진다는 걸 깨닫는다.

소중한 마음이기에 소중한 인연이 되고, 귀한 글이기에 귀한 인연으로 귀착 되어지는 것 같다. 글 속에는 절제된 아름다움을 몸소 발산하고 있으니 얼마나 좋은가. 나눔이란 누군가에게 끝없는 관심을 기울이는 일이 아니겠는가. 들짐승이 자신들이 사는 둥지를 결코 더럽히지 않듯이 글을 쓰는 사람들은 결코 자신을 내세우거나 남을 깔보는 일을 하지 않는다.

글은 마음을 속일 수 없고, 글은 자신을 재창조할 수 있게 해주는 마력을 갖고 있다. 서로의 마음이 담겨 있고, 서로의 진실을 나눌 수 있게 해준다. 글을 쓴다는 것은 상상력, 창의력, 확산적 사고 등의 계발은 물론 과거의 뛰어난 사람들과 대화를 나눌 수 있게 해준다는 장점이 있다. 친구와 포도주는 오래될수록 향기가 진하다. 나는 그들과의 소통을 통해 그런 호사를 누리고 있다.

우리는 서로 아끼며 사랑한다. 마음을 전하는 아름다운 글 속에 예쁜 마음이 만들어진다. 글로 만난 소중한 인연을 간직한 우리는, 삶은 밤을 흙 속에 묻어놓고 싹이 나오기를 기다리는 우를 범하지 않는다. 나는 글을 통해 '마른 수건 짠다고 물이 나오지 않는다. 바다는 비에 젖지 않는다.'는 평범한 진리를 깨우쳤다.

앞으로도 글이 전하는 지혜도 배우고, 나 자신을 아끼고 사랑하듯 소중한 인연을 가꾸면서 살았으면 좋겠다. 인연은 인간의 정신이 지배하고, 악연은 거친 입이 지배한다. 사는 기준이 다 같을 수 없듯이 행복의 조건도 하나일 수 없다. 주고받는 원고지 위에서 줍는 사색의 조각들은 글을 쓰는 사람들에게 주어지는 크나큰 영광이다. 글을 통해 펄떡거리는 물고기의 비늘 같은 그런 번득임을 낚아채는 자신을 발견하고는 희열에 젖는다. 내 인생 화판에 무슨 색깔의 색종이를 오려 붙여야 근사한 꿈 집이 될까를 생각하며 기쁨에 젖는다. 세상에서 가장 나쁜 것은 기회와 희망 없이 사는 것이란 것도 배워 익혔다. 생긴 모양새가 다르면 성격도 다른 법, 가진 것이 적지만 행복을 아는 우리이니 어이 아니 행복한가.

소나무는 말없이 살면서도 푸르른 영혼, 하얀 속살, 이승의 시름까지 나이테에 새겨놓고 더 이상 욕심내지 않는다. 인품이 강물처럼 조용하고 은근하며, 예술과 인생을 소중히 여기는 인격이 성숙한 사람에게서는 배울 것이 많다는 것을 나는 글 친구들을 통해 다시금 느끼고 있다. 오늘도 서울의 한 친구(?)와 정감 넘치는 카톡을 여러 차례 주고받았다. 나는 행복한 사람이다.

마음 바구니

햇살 한 줌이 소담하게 내 정수리에 담긴다. 담긴 햇살이 오늘도 좋은 징조가 있을 듯 반짝인다. 바람도 살랑살랑 불어와 내 후각을 간지럽힌다. 살아 있다는 것은 축복이다. 두 발로 걸을 수 있다는 것은 축복이다.

기분 좋은 하루를 따스한 햇살이 열어준다. 이런 날 좋은 느낌을 마음에 그려보면 더 좋다. 푸른 하늘, 맑은 바람, 행복한 미소 등등 이런 생각을 하면 나는 어느새 그것들과 하나가 되어 있음을 발견한다. 그리고는 내가 신선이 아닌가 하는 착각 속에 빠진다. 햇살을 바라보면 내 하루는 밝게 시작된다. 어둠 같은 건 멀리 사라진다. 어둠이 사라지니 성냄도 사라진다. 괜히 기분이 좋아진다.

몹시 무더운 날 운이 좋으면 옷이 젖지 않을 만큼의 소나기를 만날 수 있다. 하늘이 내려주는 무지개 선물은 아이처럼 환희의 웃음을 머금게 한다. 살아 있음을 절절히 느끼는 순간이다. 머릿속엔 알찬 충만으로 가득하고, 눈엔 맑은 초록이 담기어진다.

흔히들 말한다. 마음은 빈 광주리와 같다고. 빈 바구니를 채우는 것은 바로 나 자신이라는 생각이다. 내 마음 바구니에는 무엇이 담겨 있을까를 생각해 본다. 윤슬보다 밝은 것들로 채울 일이다. 흙은 식물의 생육을 통해 경직된 몸을 풀고 숨통을 튼다. 나도 그렇게 하고 싶다.

푸른 하늘, 맑은 바람, 예쁜 꽃, 넓은 바다, 아름다운 사람들의 모습으로 가득 찬 내 마음 바구니의 뚜껑을 열어본다. 그 속에서는 환희와 축복이 꿈틀꿈틀 살아 움직인다. 세상의 검은 색들은 모두 사라지고, 밝고 환한 색상의 색들이 별처럼 쏟아진다. 마음 바구니에 과한 욕심 같은 것은 담을 필요가 없다. 아주 조금의 사소한 욕심 같은 것만 담아두고 살아가니 마음이 편하다는 느낌이 든다. 인간인 이상 욕심이 없을 수는 없다. 과한 욕심은 건강까지를 해치게 한다. 아무것도 기대하지 않는 것, 상대에게 주기만 할 뿐 어떤 대가도 바라지 않는, 마음 쓰지 않는 태도가 나를 자유롭게 한다.

기다릴 대상이 있다는 건 행복한 것이다. 마음 바구니에 넘치지 않을 정도의 소유를 고집하는 것도 행복한 일이다. 태양의 순수성과 가치는 뜨거움에 있다. 그 뜨거움은 사람의 지위나 신분이나 재산 소유 정도를 구분하지 않고 골고루 나누어 준다. 도심에서 좀 떨어져 있는 변두리에 초라하게 자리 잡은 음식점의 선지해장국은 값도 싸고 푸지다. 가끔 그 집을 찾아 식도락을 즐기는 나는 행복한 사람이다.

산에 가보면 안다. 나무는 나무로만 서 있는 것이 아니라는 것을. 나무는 때로는 수도승으로, 경우에 따라서는 과객으로, 어느 때는 하늘 문을 지키는 파수병으로 존재하고 있다는 것을 알 수 있다. 과한 욕심을 부리지 않는다. 큰나무 옆의 작은 나무는 화내지 않고 자신의 분복대로 살아가려 애쓴다. 큰나무도 그걸 모르는 바 아니다. 그도 어쩔 수 없다는 것을 안다. 그래서 나무는 유산을 남기지 않는다는 것을 깨우치는 스승이라 생각한다.

참다운 멋은 몸에 걸친 장신구나 의복에서 비롯되는 것이 아니다. 말씨와 행동거지, 사람을 대하는 몸가짐과 신뢰성에서 판별된다. 마음 바구니 가득 욕심을 담았다고 해서 우러러보지 않는다. 버리고 갈 것만 남아서 홀가분하다는 사람의 이야기를 진정성 있게 듣는다. 고가의 화장품을 덧바르고, 온갖 시술로 피부를 팽팽히 당긴, 랩 씌운 것처럼 표정 없는 얼굴은 보기에도 싫다.

무엇을 위해 쌓고, 모으며 욕심내는가? 끝내는 허허로이 버리고 가야 할 생명이거늘. 두 마리 토끼를 잡으려다 한 마리도 못 잡는 어리석음은 정신의 고귀함과 육신의 안락함마저 잃어버리게 한다.

마음 바구니에 소박하고 확실하고 행복을 주는 것들만을 담아놓고 노을을 맞으니 청아한 하늘이 진홍색으로 물들고 있다. 그 주위엔 빛나는 옥들이 수를 놓고 있다. 장기려 박사라고 하는 분을 아는가? 그는 다른 사람의 수술비까지 대납하고 남긴 것이 없었다.

손으로 움켜쥔 것은 살아 있는 동안만 유효하다.

멋진 사람이 되고 싶다

　은은한 피리 소리 같은 난의 부드러운 선율을 들었는가? 봄에는 기도하는 법을 배우고, 가을에는 감사하는 법을 배운 사람에게서는 어떤 향이 뿜어 나올까? 이런 생각을 해본다.
　멋진 사람으로 살 수 있다면 얼마나 좋겠는가? 그러다 보니 어떻게 사는 것이 멋지게 사는 삶일까를 먼저 생각해 봐야겠다. '멋지게 사는 삶'이란 뜬구름 잡는 얘기일지도 모른다. 하루 24시간을 어떻게 보람되게 보내느냐 하는 것에 주안점을 두어야 하지 않을까 하는 생각이다.

자신이 하고 싶은 일을 할 수 있다는 것을 그 첫째로 들고 싶다. 젊은 사람들은 낮에는 자신의 일터에서 보람의 월척을 낚고, 저녁 시간에는 취미생활로 영을 살찌울 수 있다면 더 없는 멋진 삶일 것 같다. 이때 바람직한 인간관계를 삶에 윤활유로 제공할 수 있다면 더없는 영광이겠다. 그렇다. 나이에 관계 없이 자신이 할 수 있는 일에 매달려 무료를 떨쳐 버릴 수 있는 삶이라면 더 이상 바랄 것이 없겠다. 매일 방콕(방에만 콕 박혀 지내는 사람) 여행만을 즐기는 사람에게는 몇 명 정도의 친구가 있을까? 어떤 시인은 친구는 한사람이면 족하다 했는데 나는 거기에 동의하지 않는다.

타인의 추앙을 받는다는 일은 무엇을 의미하는가? 인공향료를 뿌려 시선을 끌게 하는 것일까? 저절로 그늘이 되어 많은 사람들의 쉼터 구실을 해주는 것일까? 물론 후자이겠다. 웃음은 신뢰의 극한적 표현이라는 말에 동감하며 유머와 웃음이 충만한 그런 사람이 되고 싶다.

수목원의 연못에는 많은 잉어들이 산다. 그 의상들이 참 화려하다. 고결한 유영遊泳으로 한가로이 노닐다가도 사육사나 관광객이 던져주는 먹을 것을 보고는 삽시간에 한곳으로 모인다. 그 움직임이 날렵하다. 율동적이다. 무언가를 던져주는 사람, 던

져주지 않는 사람 중에 그 잉어들은 누구한테로 모이게 되는가? '호호 쩝쩝' 소리를 내면서 먹이를 먹고 있는 잉어들을 보면서 나는 어떤 생각을 하게 되는가?

나는 이런 사람이 되고 싶다. 세월이 흐르는 것이 두렵지 않다. 내가 세월처럼 흐른다는 것은 당연한 일이고 내 힘으로 어쩔 수 없기 때문이다. 세월에 순응하면서 아름다운 내면을 키워나가는 삶은 존경받아 마땅하다. 세월에 순응하면서 낮은 곳을 향해 겸손해지는 그런 삶을 살고 싶다.

하지만 나는 추한 사람으로 변하는 것은 두려워 할 것이다. 세상을 원망하고, 나를 알아주지 않는다고 불평하고, 누군가를 용서하지 못하고, 미워하며 욕심을 버리기는커녕 더욱 큰 욕심에 힘들어하며, 자신을 학대하고 또 주변 사람까지 힘들게 하는 그런 사람이 될까 두렵다. 그런 불평들이 자신의 몸을 서서히 망가뜨린다는 사실을 알게 된 것만도 얼마나 다행한 일인지 모른다.

나는 정말 멋진 사람이 되고 싶다. 육체적으론 세월의 주름이 자리를 잡았지만, 정신적으론 청춘으로 살고 싶다. 늘 호기심으로 눈을 반짝이면서 사랑이 넘치는 그런 충만한 사람이 되고 싶다. 따뜻한 정과 배려하는 마음을 갖고 내면을 살지게 하는데, 인색하지 않은 삶은 존경할 만한 삶이다.

주변 사람들에게 늘 관대하고 부지런한 사람이 되고 싶다. 경제적으로, 정신적으로, 시간적으로 어떤 도움을 어떤 방식으로 줄까도 고민하면서 살고 싶다. 틱낫한은 '몸 안에서 몸을 관찰하고, 느낌 안에서 느낌을 관찰하고, 마음 안에서 마음을 관찰하라.' 했지 않은가. 그런 사람이 되고 싶다. 사람 대접 안 한다고 불평하기보다는 대접받을 만한 행동을 하는 그런 근사한 사람이 되고 싶다.

할 일이 너무 많아 눈 감을 시간도 없다는 불평을 하면서, 하도 오라는 데가 많아 수시로 행방불명이 되는, 정말 사람들에게 사랑받는 마음이 명주실 같은 그런 사람이 되고 싶다.

그래서 다른 사람들이 나도 저렇게 멋진 생활을 하고 싶다고 부러워할 수 있는 멋진 삶을 살고 싶다. 사람들한테 오래오래 이름이 기억되는 그런 사람으로 남고 싶다.

초년엔 신맛, 세월의 화살을 맞아 검으면 단맛이 되는 포도 같은 사람이 되고 싶다.

혹시 가까운 곳에 거울이 있다면

혹시 가까운 곳에 거울이 있다면 그 속을 좀 들여다보십시오. 그 거울 속에 들어있는 얼굴의 표정과 빛을 보십시오. 얼굴은 마음의 거울이요, 자신이 살아온 삶의 과정들을 담고 있습니다. 거울 속의 얼굴은 육신의 일부일 뿐 진정한 자신의 모습은 아닙니다. 지혜와 경륜을 탑처럼 쌓아온 사람이 아이의 마음으로 회귀하는 일은 퇴화가 아니라 승화로 일컬음이 제격일 것이지요. 포도를 가꾸듯이 삶을 가꿔 좋은 열매를 거두기가 쉬운 일은 아니지요. 겹겹이 포장된 아집과 위선과 무지의 가면 놀이가 끝내는 자신을 절망시킵니다.

슬픈 일이 많았다면 슬픔이 담겨 있을 것이고, 고통스러운 일이 많았다면 그 얼굴 어딘가에 고통이 배어 있을 것입니다. 각진 이마와 날카로운 콧대, 완고한 선을 그리고 있는 입술 주위의 서글픈 주름들은 멀리 던져버리십시오. 펄펄 끓는 물을 들이부어도 절대 녹지 않을 것 같은 차가움 같은 것은 빨리 버려야 합니다. 태어난 이래 단 한 번도 폭풍우에 휩쓸려 본 적이 없는 썩어가는 호수의 수면 같은 얼굴과는 하루빨리 결별해야 합니다.

진정 이승의 삶이 무거울 때 겨울 바다를 찾아가 보라 권하고 싶습니다. 겨울 바다는 나에게 안식을 줍니다. 추위도, 폭풍우도 모두 이겨내고 의연한 모습으로 살아가고 있는 모습을 볼 수 있을 테니까요. 욕심이 사람의 정신을 좀먹어 들어가는 것이지요. 동토인 설국 2,000여 리나 먼 곳에서 바람 타고 와 내 집 앞 보도 블럭 비좁은 틈새에 뿌리 내린 민들레의 삶을 생각해 보셨나요? 평생을 불볕과 소나기 속에 힘들게 살면서도 하나씩 하나씩 빛나는 업적을 이루고 만족스럽게 사는 삶은 존경받을 만하지요.

평소 마음에 켠 촛불로 자신의 내면을 골고루 들여다보며 마음을 살피는 공부를 해 온 사람은 그 얼굴이 온화하고 편안할 것입니다. 붉어지던 볼의 홍조, 반짝이는 눈빛, 만지면 열이 느껴지는 뜨거운 손은 그 사람의 자랑거리입니다. 세상 욕망 모두 비우기 위해 하얗게 표백해 버린 듯한 얼굴을 가졌다면 더 바랄 것이 없습니다. 머리를 비운 채 청량한 공기 먹고 별을 바라볼 수 있다면 그보다 좋은 것은 없을 터이지요.

달관한 사람들은 넋을 잃도록 요염을 부리던 꽃무리가 깊은 잠에 빠졌다 해도 걱정하지 않습니다. 꽃밭 아래서 재잘거리던 개미며, 땅강아지가 기척이 없어도 걱정하지 않습니다. 내년 봄이면 다시 나타나 나를 기쁘게 해줄 것을 믿기 때문입니다. 내 마음에 존재하는 작은 소망을 위해 매일매일 성실하게 살아가는 사람들에게는 그곳이 바로 유토피아이기 때문에 걱정을 하지 않습니다. 마당의 초목들은 다행히 기상이변보다는 인간이 만든 달력에 더 잘 순응하고 있습니다.

그런 사람의 내면에는 수채화 물감으로 찍어 바른 듯 형용할 수 없이 고운 빛깔의 꽃들이 다소곳이 제 향을 피우고 있습니다. 그런 걸 느껴보지 않았나요? 초록 숲에 몸을 맡기고 마음을 열어놓으면 어느새 새로운 내가 되어 있다는 것을요. 옛 성현들이 생각한 최고의 삶의 경지는 부끄럼 없는 삶이었습니다. 영롱한 색깔의 우산들이 걸어가고 있는 것을 보면 우울이 사라집니다. 이슬 같은 인생이지만 영롱한 아침 이슬이라면 더할 나위 없이 좋겠지요. 청려清麗하기 비단에 수놓은 것 같고, 단단하기 겨울의 설송雪松

같이 거울을 보면서 만들어갈 수 있다면 더없이 좋을 것이지요.

　마음을 살찌우는 공부를 하는 데는 많은 준비물이 필요하지 않습니다. 거울 하나, 초 한 자루면 됩니다. 쉴새 없이 열심히 밖으로 뛰어다닌 자신을 불러들여 오랜 만남을 통해 대화를 해 보는 것입니다. 몇 잔 술에 취기가 올라 달빛에 끌려 밖으로 나갔습니다. 밤이 이슥한데 열이레 달이 여태도 손수레를 끌고 보문산을 힘겹게 오르고 있다면 손수레를 밀어주시겠습니까? 그냥 지나치시겠습니까?

　오늘따라 나무들 틈새에서 예쁨을 자랑하는 나팔꽃과 봉숭아의 애교가 예사로이 보이지 않습니다. 사물에 구속받지 않고 세상의 흐름에 몸을 맡기며 사는 것이 성인이 취할 방도인 것 같습니다. 고결한 인품일수록 감동과 마음의 향기를 준다는 사실에 귀를 기울여야 하겠습니다.

길은 잃어도 사람은 잃지 마라

우리는 기쁨과 슬픔을 함께 간직하고 마음의 빗장을 푼 채 피안으로 가는 배에 동승한 사람들입니다. 세상에서 가장 중요한 때는 바로 지금이고, 가장 중요한 사람은 지금 함께 있는 사람이며, 가장 중요한 일은 지금 곁에 있는 사람을 위해 좋은 일을 하는 것입니다.

신부가 신도들에게 우스운 이야기를 합니다. '신도 여러분, 혹시 지옥에 가고 싶은 분 계신가요?' 한 사람도 없습니다. '아, 그럼 천국에 가고 싶은 분은 계시지요?' 모두가 손을 듭니다. 다시 묻습니다. '그럼, 지금 천국에 가고 싶은 분 계신가요?' 한 분도 없습니다. 당연하지요. '지금'이란 시각이 중요한데 천국이 아무리 좋은 곳이라도 지금 가고 싶은 사람이 있겠습니까? '개똥밭에 굴러도 이승이 낫다.'라는 말은 그냥 생겨난 것은 아닐 터이지요.

쇠는 불에 넣어 보아야 알고, 사람은 이익을 앞에 놓고 취하는 태도를 보면 안다 했습니다. 처음 만남은 하늘이 만들어 주는 인연이고, 두 번째 다음 만남은 인간이 만들어가는 인연이라 합니다. 배워서 남에게 나누어 줄 줄 아는 인간은 어쩌면 몇만 겁의 인연이 있었기에 가능한 일인지도 모릅니다. 만남과 인간관계가 조화를 이루는 사람은 인생이 아름답습니다. 땅에 뿌리를 내리는 순간부터 나무를 키운 건 햇빛과 바람을 포함한 자연이었다 하지 않습니까? 인간관계도 그에 못지않습니다.

촉수를 한껏 곤두세운 달팽이가 토끼풀 숲으로 소풍 나왔습니다. 꽃밭에 수만 개의 장미꽃이 있은들 무엇합니까? 쏟아지는 폭포수가 목마른 달팽이에게 무슨 소용이 있습니까? 달팽이가 갖고 있는 작은 물병 하나, 달팽이가 갖고 있는 장미 한 송이가 무엇과도 견줄 수 없는 보물입니다. 내가 갖고 있는 것들에게서 향기를 내뿜을 수 있다면 그건 아주 잘 살아온 인생입니다. 안에 있는 모든 것들은 수정처럼 맑고 투명하겠지요.

세월은 누구에게나 공평합니다. 그 세월의 가치는 자신이 결정하기 때문입니다. 빛나던 머릿결이 푸석한 지푸라기처럼 느껴지는 건 세월이 흘러서 그런 게 아니라 자신이 그렇게 연약해졌다는 의미이기도 합니다. 얼굴의 주름은 성형으로 숨길 수 있어도 세월을 이기는 장사는 없습니다. 세월은 경험입니다. 지혜입니다. 세월은 쓰는 사람의 몫입니다. 시간이 많아도 쓸 줄 모르면 무용지물입니다.

　세월은 흔들립니다. 흔들리지 않고 피는 꽃 없고 굴곡 없이 살아가는 삶도 없습니다. 세월과 영합한 백발의 습격을 막는 일은 온전히 자기 자신이 담당해야 할 몫입니다. 날개 꺾인 새의 신세가 되지 않으려면 단단한 각오가 있어야 합니다. 애환으로 허덕일 때 삶의 벗이 되어 주고, 나침반이 되어 주었던 이웃을 생각합니다. 나이를 모르는 푸른 이파리 하나 무심코 노인의 발등으로 떨어집니다. 시린 칼날 하나를 가슴속에 품은 채 살아갈 필요가 있습니까?

　행복은 건강이라는 나무에서 피어나는 꽃입니다. 건강한 몸을 유지하기 위해 스스로를 단련하고, 격렬한 감정의 혼란을 피하고, 매사 긍정적인 사고를 하고, 규칙적인 운동을 해야 합니다. 행복의 뿌리는 대인관계입니다. 원만한 대인관계의 유지가 필요합니다. 인간은 사회적 동물입니다. 외톨이 인생은 건강하지 못하며 행복이 길지 못 합니다. 내 인생의 얼룩진 마음들을 몽땅

다라이에 담아 흐르는 물에 쏟아냅니다. 열여덟 앳된 처녀들은 굴러가는 낙엽만 봐도 배꼽을 잡고 웃습니다. 생존조건 가운데 가장 중요한 것은 인정받고 그들에게 영향력을 미치는 것이겠지요? 마음속 얼룩을 깨끗이 지워버려야 합니다.

꽃은 피어도 소리가 없고, 새는 울어도 눈물이 없고, 사랑은 불타도 불꽃이 없습니다. 장미가 좋아 꺾었더니 가시가 있고, 친구가 좋아 사귀었더니 이별이 있고, 세상이 좋아 태어났더니 죽음이 있습니다. 받아들여야 합니다. 꽃이 있으면 벌들이 날아오는 건 당연한 일입니다. 벌뿐인가요? 날파리들도 몰려듭니다. 봉숭아꽃 속에 피어나는 해맑은 그리움은 눈물겹도록 쓸고 걸레질하여 어여쁘게 만들어보려는, 지치고 야윈 가슴에 아직도 입혀져 있는 상복을 벗겨버리고 상냥한 모습을 만들어내려는, 그래서 옛 추억을 맛깔스러운 사투리에 갈무리하여 숭숭 썰어내면 좋겠습니다. 소크라테스가 말했던가요. '성찰하지 않는 인생은 가치가 없다.'고요.

'좋은 사람 찾지 말고, 좋은 사람이 되어 주라. 무엇인가를 바라지 말고, 먼저 베풀어라.' 하시던 성현들의 말씀이 오늘따라 가슴에서 떠나지 않습니다. 길은 잃어도 사람은 잃지 말아야 하겠습니다. 살아가는 동안 즐겁고 행복하게만 살다가 기쁜 마음 안고 떠났으면 좋겠습니다.

달관한 철학자인 들꽃

풀꽃을 보고 '자세히 보아야 예쁘다. 오래 보아야 사랑스럽다. 너도 그렇다.'고 노래한 시인이 있다. 비록 들꽃이란 이름을 가졌지만, 참꽃(?)과 견주어봐도 부족한 게 없다. 오히려 더 예쁘지 않을까 생각한다.

들꽃은 누군가의 손에 꺾이지 않고 오래 그 모습을 지니고 있을 때 행복하다. 인간은 누군가의 손길에 인도될 때 행복하다. 친구가 불러주는 생일 축하 노래는 가슴을 설레게 한다. 인간은 서로의 이름을 부르면서 사랑의 꽃을 피우고, 들꽃은 이름 없이 살다 가면서도 씨를 흘려 종족을 번식한다.

인간은 사랑하면서도 고독이라는 병을 앓지만, 들꽃은 고독하

면서도 대자연의 품 안에서 안락하게 산다. 인간은 일생을 외로움에 시달리지만, 들꽃은 제철 서늘한 바람을 즐기며 유유자적을 노래하며 산다.

'나는 자연인이다.'란 프로그램을 가끔 본다. 등장인물의 연령대가 50대에서부터 80대에 걸쳐 있다. 사회구성원의 일원으로 희망차게 살다가 어떠어떠한 사유로 산속으로 들어가 자연인이 된 사람들이다. 자연으로 돌아갈 때 바닥을 기던 건강 상태가 지금은 하늘을 찌르고 있다. 사회에 있을 때 입은 트라우마도 세월의 흐름과 함께 지워졌다. 얼굴 가득 웃음이 배어 있다. 생기 있는 피부다. 들꽃의 강인함을 그대로 전수 받았다.

사십 대 초반에 남편을 대장암으로 여의고 꿋꿋하게 살아가는 이웃의 젊은 여인에게 박수를 보낸다. 비바람 같은 것 모르고 지내다가 갑작스럽게 남편의 빈 자리를 물려받은 여 가장, 세 자녀를 위해 오늘도 식당 일을 위해 이른 시각 현관문을 연다. 이제 중·고등학생인 세 자녀는 그런 엄마를 딱하게 여기고 제 의무를 다한다. 식당에서 별의별 손님을 대하며 자신의 인격 같은 걸 죄다 쓰레기통에 버린다. 기분이 언짢아도 내색하지 않고, 안면에 미소를 띤다. 집에 돌아오면 소금에 절인 배춧잎 신세, 그래도 그 직장을 그만 둘 생각은 없다. 민들레와 같은 삶을 살더라도,

꺾여도 다시 일어나야 하기 때문이다.

　아이들에게는 한 번의 포옹이 수천 마디의 말보다 더 낫다는 것을 알고 있다. 바깥에서의 찡그림을 집에까지 가지고 들어올 수는 없다. 그녀가 가난하다고 외로움을 모르겠는가? 그녀가 가난하다고 두려움이 없겠는가? 그녀가 가난하다고 사랑을 모르겠는가? 다 안다. 그저 가난해서 미안할 뿐이다.

　인간은 들꽃의 고독을 모르는 대신 들꽃은 인간의 슬픔을 모르고 산다. 들꽃은 스스로의 행복조차 모르고 살지만, 인간은 스스로 불행을 한탄하며 통곡한다.

　들꽃이 고독을 이겨내는 철학을 배우고 싶다. 누군가의 손에 꺾이지 않을 때 씨를 흩뿌리며 이름 없이 살다 가는 행복한 들꽃의 고독을 배우고 싶은 것이 솔직한 심정이다.

　이름은 잘 모르지만 누가 봐주지 않아도 저만치 홀로 피어 있는 작은 들꽃, 화려하지 않아도 외로운 산행길에 잘못하면 밟힐 것 같은, 수줍어도 그리움은 그대로 간직한 채 들꽃이 사람을 닮고, 사람이 들꽃을 닮아 문득 발길 멈추고 함께 있고 싶었던, 그냥 져도 아무도 신경 쓰지 않는 들꽃처럼 살다가도 봐주는 한 사람만 있어도 고독은 없으리라.

　사람도 곡식에 비유할 수 있다. 한 알의 곡식에도 싹을 틔울 힘이 있는 것처럼 건강하고 자연스러운 사람에게도 그런 힘이 있어 자연스런 삶이란 싹을 틔우는 것이다. 사람들이 싹을 틔울 수 있는 힘은 바로 사랑에서 나오는 것이겠다. 낡을수록 좋은 것은 사랑뿐이다. 진정한 사랑은 소유하거나 집착하지 않는다. 엄마는 자녀들을 사랑하고, 자녀들은 엄마를 존경하고, 그 집은 복사꽃이 활짝 피어 있는 집이다.

자연과 혼인하여 얻은 이름이 '자연인'이다. 새벽부터 늦은 밤까지 자연과 함께 생활하며 자연에게서 삶의 이치를 배우고, 현명하게 살아가야만 하는 이유를 전수 받는다.

'자연인'으로 살며 쌓아 올린 자그마한 돌탑의 생명력을 본다. 모진 풍파 다 이겨내고 의연한 모습으로 자연인과 삶을 같이 하는 돌탑의 평균수명은 수백 수천 년이다. 돌탑 주변의 이름 모를 야생초들의 생명력도 돌탑에게서 전수 받은 것이다. 꺾이지 않고 부러지지 않는 강인한 생명력과 혼인한 '자연인'의 건강은 말이 필요 없다.

밟혀도 일어나고, 꺾여도 다시 일어나는 들꽃에게서 나도 자연의 오묘한 철학을 배우고 영원한 건강과 행복을 향유하고 싶다. 세상을 덮고, 어둠을 덮고, 절망을 덮고, 맑은 바람과 벗하며 사는 들꽃의 고매한 철학을 배우고 싶다.

아그덜 보그라

　이 편지를 읽고 나니 가슴이 먹먹하다. 자신을 내려놓고 가족을 위해 헌신봉사를 하늘의 뜻으로 알고 살아온 여인의 일생이 파노라마 되어 내 뇌리를 내리친다. 어쩜 우리네 엄마들은 하나같이 자신을 희생하는 것을 본업으로 생각하고 살아왔는지도 모른다.

　아그덜 보그라.
　핵교 문턱도 못 넘어본 느그 어매가 지끔 편지를 쓴다. 못된 모시매들 만나서 연애질헌다고 느그 외할아부지가 핵교 근처에는 삐끔도 못 허게 했제.
　글고 밭도 매고 애기 보라고 글자캥이는 몽당연필도 못 잡아

보게 했단다. 늑아부지 만나서 접방살이 헐쩍에 밭두룩에서 큰 놈 낳고 밥 먹으로 웅께 뒤야지가 솥뚜껑을 밀어내고 밥을 다 묵어부러서 냉수만 항그럭 퍼마시고 또 밭으로 갔지야.

그쩍에는 정지 옆에다가 뒤야지를 키웠쏭께. 근디, 어느새 세월이 담박질 허고 가부렀다. 지끔은 존 시상이여야.

문 일이든지 그저 부지런히만 허면 배 안골코 놈 밥 묵을 때 죽이라도 배부르게 묵웅께. 어찌든지 부지런히만 허그라 이 느어메는 지끔 느그덜 한테 보낼라고 지 감 다듬어 놓고 편지를 쓴다.

마을 회관에서 글자도 갈차 주고 편지도 쓰락 혀서 쓰는디 아! 글씨, 이놈에 글씨가 통 맘먹은 대로 되아야 말이제? 내가 쓴 편지를 느그덜이 어찌코롬 알아나 볼랑가 모르겄다.

싱거운 겉절이는 바로 묵고 짠 지는 냉장고에 넣어놓았다가 쪼께 익으먼 묵어라. 그리고 방학 때는 꼭 새끼들 보내그라. 남새밭에다가 단쑤랑 깡냉이도 숭거놨시야. 북감재도 밑이 잘 들었쏭께 주전부리는 걱정헐 것 읎다.

내는 우리 강아지들 고무랑 고무랑 크는 것 보는 재미로 사니께 방학 내동 있을 폭 대그라.

편지를 읽고 나니 가슴이 뭉클하다. 내 어머니도 그랬다. 맨날 글을 못 읽어 답답하다 하셨다. 내가 조금 가르쳐 드린 덕분에 더듬더듬 읽고 쓰시는 걸로 만족하셨다. 민화투도 하시는 방법을 몰라 어지간히도 가슴을 치셨다.

학교 문 앞에도 얼씬 못하게 한 친정아버지 덕분에 한글을 몰라 얼마나 가슴이 답답했으랴. 간판 글씨도 못 읽고, 어디서 어떤 공문 같은 편지가 날아와도 가슴만 벌렁벌렁 했을 것 같다.

은행에 돈 찾으러 가서도, 우체국에서도, 증명을 떼러 가서도 무엇을 쓰라 할까 봐서 얼마나 가슴을 졸였을까. 그런 경우에 처했을 때는 갑자기 배가 아파 화장실에 가야 한다고 핑계대고 도망쳐 나오지 않았을까.

지금 7~80대 여성 중 소수는 그런 어려움을 가슴에 안고 살아오지 않았을까? 죽어라 일만 하고, 자식들 먼저 먹이려고 굶어가면서까지, 손톱이 깎을 수조차 없이 닳고 문드러져도 자식과 남편을 위해 모든 것을 헌신해 온 그 시대의 여성들에게 경의와 박수를 보낸다.

엄마와의 재회

'엄마'라고 부르니 이제 소년이 쓰는 글인 줄 착각하는 사람도 있을 것이다. 돌아가실 때까지 '어머니'라고 부르지 않고 '엄마'라고 불렀다. 엄마도 좋아하셨다. 그게 친근감이 더 갔기 때문이다. 낼모레면 엄마가 돌아가신 지 21주년이 된다. 5년 전부터는 기고 일에 큰댁에서 제사를 지내지 않고 산소로 찾아가서 인사를 드린다.

종교식으로 하다 보니 나에게도 낯설고, 더구나 엄마가 자손들이 갑자기 만든 환경변화에 쉽게 적응하실지도 모르겠기에 내가 안案을 내서 그렇게 정했다. 평소에 즐겨 잡수시던 음식 몇 가지 준비해 묘소 앞에 펼치고 절을 올린다. 그간 있었던 일에 대해 말씀드리다 보면 생전에 마주 앉아 대화를 나누는 것 같은 착각에 빠져든다.

대문을 열고 들어가면서 엄마를 불렀다. 아픈 허리 추스를 새도 없이 내 목소리를 듣는 순간 버선발로 마루를 내려오시던 엄마 몸에서는 목욕을 자주 하시는 편은 아니었지만, 엄마 특유의 체취가 나를 반겼다. 젊은 시절 깨밭에서 일을 하시다 들어오셨을 때의 그 체취가 그대로 남아 나를 편안하게 했다.

그 날은 엄마와 같이 누워, 시간 가는 줄 모르고 세상 돌아가는 얘기를 했다. 그러다가 잠이 들었고, 엄마는 아들이 차버리는 이불을 덮어주시느라 잠을 꼬박 새우시곤 했다. 남편을 여의고 13년을 외롭게 사셨다. 물론 아들 며느리가 잘 모셨지만, 남편만이야 했을까. 한쪽 날개를 잃고 얼마나 적적한 삶을 영위하셨을까를 생각하면 가슴이 먹먹해진다. 그래도 법 없이도 살 분이라는 얘기처럼 평생 남에게 욕 한 번 아니하고, 지나가는 손에게도 물 한 그릇 정성으로 베푸시며 사셨기에 88세의 일기로 돌아가실 때에도 큰 고생 아니하고 편안히 눈을 감으셨다. 고종명을 잘 하는 것이 오복 중 하나라는데 자식은 그저 고마울 따름이다.

어릴 때의 추억이 주마등처럼 뇌리를 스친다. 초등학교도 들어가기 전 마늘밭을 파는 형 앞에서 놀다가 쇠스랑에 머리를 찍혀 고생했을 때 이불 솜으로 피를 닦아주며 지혈시키느라 고생하셨던 엄마, 고등학교 시절 방학에 집에 와서 생활하다 떠나보내는 날은 동구 밖까지 나와 내가 탄 버스 뒤꽁무니를 바라보며 눈물 훔치시던 엄마, 내가 공무원이 되어 첫 출근 하던 날 그리도 밝게 웃으시던 엄마의 모습이 오버랩 되어 지금도 눈에 선하다. 지금도 내 수첩 속에는 환히 웃고 있는 엄마의 모습이 사진으로 남아 나를 지켜주고 있다.

저녁을 먹고 나면 밀짚 방석을 펴고 찐 옥수수를 먹으며 바라보는 하늘은 어찌 그리도 푸르렀던지. 별 총총, 추억 총총, 엄마의 사랑 총총. 그때도 엄마는 자식의 종아리를 사정없이 공격하는 모기떼를 쫓아내느라 팔운동을 계속하셨다. 당신의 고통쯤은 아랑곳하지 않고 오직 자식들을 위한 희생 자체로 사는 재미를 만끽하셨다. 딸 없이 개구쟁이 사내자식들만 다섯을 키우셨다. 얼마나 어려우셨을까. 내가 넷째로서 그나마 딸 노릇을 해드린 것이 위안으로 남는다.

엄마는 가슴에 달을 키웠다. 둥근 달 띄워 놓고 자식을 기다렸다. 전화를 드리면 '언제 올 건데? 바쁘면 그만두고. 오면 꼭 자고 가거라.'라는 말씀을 빼놓지 않았다. 출장길에 고향에 잠깐 들러 인사드릴 때는 좋았지만 내일 출근 때문에 지금 떠나야 한다고 말씀드리면 어찌나 서운해 하셨던지. 무릎 관절이 아파 합덕장에

가시는 도중에도 서너 번씩 쉬셔야 했으니 그 고통이 얼마나 컸으랴. 늘그막에는 눈도 잘 보이지 않고, 이도 없이 잇몸으로 잘게 썬 깍두기를 잡수시게 했던 이 불효자의 눈에서는 촉촉한 느낌뿐 안구건조증으로 눈물 한 방울 흘리지 못하는 신세가 되었으니 그저 안타깝고 죄송스러운 마음뿐이다.

엊그제는 친구 어머니 장례식장에 다녀왔다. 일 년 가까이 요양병원에서 고생하셨다. 자식들을 몇 번 불러들이더니 결국은 돌아가셨다. 인생은 참 빠르게 가는 것 같다. 그게 슬프고 안타깝다. 허전하고 후회막급이다. 그도 나처럼 엄마 없는 세상을 혼자 노 저으면서 배를 띄워야 하리라.

이부자리 펴주시면서 만족의 미소를 얼굴 가득 그리셨고, 먹는 것만 바라보아도 배가 부르다 하시던 엄마, '노들강변', '달타령' 등을 아들한테 배워 즐겨 부르시고, 같이 민화투 치며 기뻐하셨던 엄마, 자식의 손을 쓰다듬으며 기뻐하셨던 엄마, 비록 일방적 대화지만 엄마 뵐 생각을 하니 벌써부터 가슴이 부풀어 오른다. 더 이상 목소리는 들을 수 없을지라도 나는 세상이 다 무너져도 엄마가 계시기에 그저 행복할 뿐이다.

깨꽃 속에 자리한 이순의 당신, 세상이 다 무너져도 내겐 당신이 있다.

내가 이 세상에 와서 가장 잘한 일

카톡방에 가면 내 소개자료가 있다. '내가 이 세상에 와서 가장 잘한 일은 당신을 만난 일'이었다고 써놓았다. 그 말은 흔히 돌아다니기도 하는 말이지만 내 진심인 것만은 사실이다. 스물세 살 젊은 나이에 나한테 와서 지금까지 오십 년 가까이 호흡을 같이 하고 있다.

내 흐린 날에는 투명한 유리병에 담긴 따순 햇살 쏟아놓으며 나를 위로한다. 내 기쁜 날에는 오색 단풍 그려놓으며 기쁨 같이 나눈다. 내 생애 세 번(4년간) 아내와 떨어져 살았다. 주말부부로 살았다. 직장 생활을 하다 보니 어쩔 수 없는 상황이었다. 아내가 써 보낸 그리움을 읽으며 나는 외로움을 견뎠다.

눈부시게 맑은 날에는 아주 짧은 글 속에 숨겨진 속뜻과 함께 아내의 웃음을 읽어내고, 빗방울 흔들리는 밤에는 아내의 눈동자 속에 담긴 기다림을 읽어냈다.

내 생애 가장 소중한 사람은 바로 아내다. 비바람이 지나도 한숨으로 읽지 않았다. 노을 앞에 서서도 내가 없는 아내의 외로움이 저리 붉게 타는구나 생각했다. 사랑은 리얼이고, 필링이고, 터치이다. 우리들의 사랑은 오랜 기다림 속에 피어난 난초처럼 순결 그 자체다.

콧날 아리게 하는 사연보다는 환한 얼굴로 보여주는 희망의 사연이 나를 어둔 세상에서도 환한 불 밝히는 대낮으로 만들어 주었다. 그립다 쓰지 않아도 그리움을 읽을 수 있었고, 보고 싶다 적지 않아도 내 눈앞에 복사꽃 같은 웃음 지으며 앉아 있는 모습을 그려낼 수 있었다.

그런 아내가 칠십을 넘기면서부터 자꾸만 낡음의 고개를 넘으며 힘겨워하고 있다. 부품이 자꾸 고장 나 수리점 방문을 문지방 드나들 듯한다. 불면으로 밤을 지새우고, 입맛이 없다면서 곡기를 끊고 당뇨에 금기시하는 군고구마나 감 등으로 연명한다. 자주 머리고 아프다 하고, 무릎도 고장 나 X-ray 신세도 진다. 남은 죽 먹듯 하는 여행 한 번 못 해보고, 콘서트장 한 번 못 가 봤다.

움직임 자체가 어렵기 때문이다. 산에 올라본 경험이 언제였는지 가물가물하다.

원래 못난 사람이기에, 재테크에 열등생이었기에 기회도 여러 번 놓치고 분복대로 사는 게 현명한 생활방식이라 자위하며 살고 있다. 지인 중에는 전원주택 마련해놓고, 제주도나 유명관광지에 회원권 마련해놓고, 한 달이면 보름 이상씩 그곳에서 산다는 얘기를 듣고도 그런 얘기를 아내한테 하지 않는다. 이 나이에 스트레스를 받게 해줄 필요가 없다는 생각에서다.

당신이 지어주는 그리움을 읽고, 눈부시게 맑은 날에는 점 하나만 찍어도 알 수 있는 당신의 웃음을 읽고, 저녁 창가에 누군가 왔다 가는 소리로 빗방울 흔들리는 밤에는 당신의 눈동자 속에 담긴 기다림 읽어내는 내 생애 가장 소중한 편지는 당신이었다.

'바람 지나면 당신의 한숨으로 듣고, 노을 앞에 서면 당신이 앓는 외로움 저리도 붉게 타는구나.'하고 느낀다.

콧날 아리는 사연으로 다가오는 삼백예순다섯 통의 편지, 책상 위에 쌓아두고, 그립다 쓰지 않아도 그립고, 보고 싶다 적지 않아도 우울한 내 생애 모두 날려버리는 순풍이요 강풍은 바로 당신이었다.

여태껏 한 번도 부치지 못한 편지는 당신이라는 이름이었다.

당신이 괜찮은 척하는 만큼 나도 괜찮은 것이라고, 당신이 참아내는 세월만큼 나도 견디는 척하는 것이라고 편지 첫머리마다 쓰고 또 쓰고 싶었던 편지도 당신이라는 이름이었다.

내 생애 당신이 가장 아름다운 편지였듯이 내 생애 가장 아름다운 답장도 삼백예순다섯 통의 당신이었다. 당신은 나에게 눈부신 세상이 있다는 걸 처음으로 느끼게 해준 사람이다. 당신으로 하여 이 세상 추운 날 하나 없이 항상 따뜻하게 살 수 있었다. 때론 아침에 내리는 이슬비처럼 보드라운 눈빛으로, 때론 머리맡을 쪼는 따가운 태양처럼 강렬한 눈빛으로 이제 당신을 지금보다 더 많이 사랑하고 싶다. 내가 뛰어들 수 있는 사랑의 바다가 있다는 것은 놀라운 기쁨이다.

영원히 사랑한다는 말은 조용히 사랑한다는 뜻의 다른 표현이다. 영원히 사랑한다는 말은 자연의 하나처럼 사랑한다는 뜻의 다른 표현이라 생각하며 남은 생애 멋지게 장식할 거다.

나를 산에 버린다

 사람은 자연에서 나서 자연으로 돌아가도록 구조되어 있는가 보다. 건강이 좋지 않아서가 아니다. 심신이 지치고 어지러울 때면 산으로 달려가는 사람이 있다. 하루 이틀 묵을 요량으로 가는 것이 아니다. 늘그막에 기대고 극기해야 할 대상이 자연이라는 것을 미리 깨닫고 주소지를 옮겨놓는 것이다. 내가 생각하기에 현명한 사람 같다.

 산은 내가 바빠서 찾아주지 않아도 아무 말 없이 매일매일을 기다려준다. 그것뿐인가? 사계절 새 옷으로 갈아입고 새로운 모습으로 기다린다. 나에게 아무것도 바라지 않는다. 나하고 조용히 대화하기를 원하는 애인이다.

언제 어떤 모습으로 가더라도 산은 아무 말 없이 받아준다. 맑은 공기, 맑은 바람, 지천으로 널려 있는 먹을거리, 그리고 여러 친구를 소개시켜 주어 외로울 틈이 없게 만든다. 운동을 하지 않으면 혈액순환이 잘 되지 않아 반갑지 않은 각종 병이 찾아온다. 병이 찾아오면 대다수의 사람들은 의지가 꺾인다. 나태해지고 진부해져서 의과대학 해부학 교실의 박제가 되어 주는 일쯤으로 나 생각한다.

현명한 사람은 일찌감치 자신을 산에 버린다. 병은 인간에게 삶의 참 의미를 알려주는 스승이다. 살고 죽는 것은 자신의 발끝에 달렸다. 걷고 뛰고 발이 닳아 문드러져야 비로소 세상이 보인다. 산다는 것이 무엇인지 그 의미를 깨닫게 되고 나서부터 사람들은 운동을 시작한다. 이미 늦었지만 그나마 다행이다.

그중에서도 제일은 산행이라 생각한다. 산행은 발을 빌려 몸으로 자연과 세상과 소통하는 것이다. 다리를 움직이면 움직일수록 뇌로 가는 에너지 공급이 활발해져 피로가 가시고 마음이 상쾌해진다. 스트레스가 쌓이고 마음이 답답할 때 걷다 보면 마음이 가벼워지고 좋은 아이디어가 떠오르기도 한다. 이것저것 따지지 말고 건강을 위해서라면 걷는 게 으뜸이다. 가파른 산길과 마주하면서 한 판 승부를 벌인다. 승리하기 위한 유일한 무기는 오기뿐이다. 다리는 후들대지만 한 발 한 발 옮기는 발끝과 땅에서 생명의 존귀함을 느낀다. 삶을 말로 설명하려 하는 것이 아니라 직접 행동하며 체험하는 것이다.

나는 늘 걷는다. 걷다 죽는 게 바람이다. 몸은 다리부터 약해진다. 더 약해지고 병들어 한 발짝도 걸을 수 없는 날을 생각하면 끔찍하다. 걸을 수 있다는 것은 축복이다. 지금의 한 발자국은 스스로 살아 움직이는 소중한 흔적이다. 경사가 심한 오르막길에서는 숨이 턱턱 막히지만, 오르막과 내리막은 하나의 같은 맥락이라는 것을 깨닫는다.

나를 버텨주는 큰 힘은 산이 주는 고요이다. 숲속에서 내 마음을 들여다본다. 산은 내가 매일매일 마루를 닦듯이 마음을 닦게 해준다. 그래서 어제도 닦았지만, 오늘도 또 닦는다. 어제도 구석구석 닦았고 오늘도 힘껏 닦는다. 아무리 잘 닦아도 깨끗하게 빤 걸레로 다시 닦으면 때가 묻어나고 햇빛이 들어오면 먼지들의 요란한 요동이 내 눈에 어지럽게 비친다.

산에서 만나는 이름 모를 야생화, 계곡의 물소리, 이끼 낀 바위, 나뭇잎 낙하하는 소리, 이 모든 것들은 나에게 놀라운 힘을 제공한다. 산행 중 땀을 쏟으며 무아無我지경에 다다르면 교만한 마음이 사라진다. 그동안 나를 둘러싸고 있던 허세나 사치 같은 '가짜'들이 무너져 내린다. 인간은 누구나 어머니에게서 태어나지만, 자연에서 다시 태어난다.

사람은 나이를 먹어 늙는 게 아니라 대우받고, 동정받고, 주저앉아 있는 가운데 더 늙어간다. 정년퇴직의 올가미를 벗어나 죽을 때까지 현역으로 뛰는 삶은 위대하다. 우리 인생은 단 한 번뿐이다. 내일보다 오늘이 젊다. 지금이 바로 그 기회라는 생각으로 사는 것이 좋다.

낮에는 자연 속에서 걷고 캠핑하고 책을 읽으며 밤에는 사력을 다해 글을 쓴다. 나의 글은 늙는 것도 죽는 것도 잊은 채 몸을 펜대 삼아 흙에 흔적을 남기는 과정을 처절하게 기록하는 결과물이다. 초가을 저녁의 서늘한 기운이 몰려오더니 낮에는 느끼지 못했던 나무와 숲 냄새가 진동한다. 어디에 숨어 있었는지 풀벌레들 세상이 됐다.

나는 세상의 사치와는 거리가 멀지만, 깊은 산중에서 황홀한 노을을 바라보고 하늘에 별이 쏟아지는 모습을 감상하는 '자연의 사치'를 누리며 살아가는 삶을 최고로 친다.

내게는 산이 직장이다. 죽을 때까지 산으로 출근하고, 그곳에서 생활하다가 쓰러질 것이다.

인생은 음미하면서 즐기는 여행이다

요즘 황금 저택에다 명예의 꽃다발에 둘러싸여 있어야만 아름다운 삶이 되는가 하는 질문을 스스로에게 던지는 자신을 발견한다. 이제 고희를 훌쩍 넘긴 나이인데도 욕심을 부리며 사는 사람들을 본다. 남은 세월이 그렇게 많지 않을 텐데 왜 저렇게 사나 하는 생각이 들곤 하니 나도 나이를 먹었는가 보다.

과거나 미래에 집착해 내 삶이 손가락 사이로 빠져나가게 하지 않는 것이 좋다. 소싯적 어깨에 달았던 훈장을 은퇴 후에도 그게 값진 것이나 되는 것인 양 단단히 붙들어 매고 중심을 못 잡는 사람을 보면 가엾다는 생각이 든다. 은퇴 전의 직위는 은퇴와 동시에 땅속 깊이 매립해 버려야 하는데 경로당에 가서도 그걸 꺼내

쓰려 하니 누가 좋아할까.

내 삶은 하루에 한 번뿐이다. 다시 오지 않는다. 한 번뿐인 그 삶을 왜 헛되이 소모하는가. 그 하루를 어떻게 효율적으로 유용하게 활용하느냐에 따라 삶의 질이 달라진다. 잠자리에 누웠을 때 '오늘 하루 참 행복했구나.' 하는 보람을 느낄 수 있다면 모두가 부러워하리라.

아직 줄 수 있는 것이 남아 있으니 오늘도 보잘것없는 재능을 나누어주러 나간다. 다문화가정의 일원이 아닌데도 지금도 한글을 모르는 사람이 더러 있다. 그런 사람들에게 한글을 가르치는 일은 즐겁다. 한때의 실수로 소년원에 들어와 교화의 길을 걷고 있는 청소년들과 대화를 나누는 일은 즐겁다. 알파고가 사람의 능력을 능가하는 시대라 하더라도 자라나는 꿈나무들에게 바둑을 가르쳐주는 일은 즐겁다.

내가 노력을 멈추지 않는 한 아무것도 진정으로 끝난 것은 없다는 생각으로 오늘도 열심히 뛴다. 내가 완전하지 못하다는 것을 인정하기를 두려워하지 않는 삶을 살고자 한다. 그런 생각을 하고 있는 사람들로만 이 사회가 구성되어 있다면 한시도 조용할 날이 없을 것이다. 늘 '내가 못 났소.' 하는 마음으로 살아가니 삶이 편하다. 어떻게 이기고만 살 것인가. 지는 것이 이기는 것이라는 생각으로 오늘도 생각의 이랑을 일구고 있다.

나는 위험에 부딪히기를 두려워하지 않는다. 그 위험을 용기로 이겨 낼 수 있는 기회로 삼고 살아가고 있다. 나에게 위기는 바로 기회다. 그런 위험이 나에게 닥친다는 것은 신이 나를 시험해 보는 것이다. 위기관리 능력이 어떤지를 시험해 보는 것이다. 중간고사에 나왔던 문제와 비슷한 문제가 기말고사에 다시 출제되지 말란 법이 없다. 대비하는 삶은 고매한 삶이다.

나하고는 거리가 멀다고 생각하며 대인관계에서 사랑의 문을 닫는 일은 우매한 일이다. '사랑을 얻는 가장 빠른 길은 주는 것이고, 사랑을 잃는 가장 빠른 길은 사랑을 너무 꽉 쥐고 놓지 않는 것이며, 사랑을 유지하는 최선의 길은 그 사랑에 날개를 달아 주는 것이다.'라는 말이 있지 않은가. 이 세상에 사랑보다 더 고귀한 것도 없다. 부모가 자식을, 자식이 부모를, 스승이 제자를, 제자가 스승을, 친구가 친구를, 이웃이 이웃을, 국민이 국가를 사랑한다면 그 세계는 화려한 꽃장식이 된 용궁 같은 궁전이 될 것이다. 궁전에서 살 수 있다는 것보다 더 귀한 대접은 없다.

느림의 미학은 삶을 기름지게 한다. 급히 먹는 밥이 체한다. 내가 어디에 있는지도 모르고, 어디로 향해 가고 있는지도 모를 정도로 바쁘게 살지 않는 것이 좋다. 가끔씩은 하늘도 보면서, 흘러가는 구름과 대화도 나누면서, 우물 속의 자신도 들여다보면서 살아가는 삶은 축복 받은 삶이다. 영화도 보면서, 연극도 보면서, 노래교실에도 나가면서, 운동도 하면서, 친구들과 우정 주酒도 한잔하면서 여유 있게 사는 삶은 고귀한 삶이다.

시간이나 말을 함부로 사용하다가 곤경에 빠지는 사람들을 종종 본다. 둘 다 다시는 주워 담을 수 없는 것들이다. 특히 정치인들의 막말은 국민을 짜증 나게 한다. 국가의 체면 등급을 낮추는 데 일조한다. 이웃에게 상처를 준다. 나보다 상대를 먼저 배려하는 마음의 여유를 갖고 산다면 그런 일들은 없을 것이다. 이번 총선을 치루고 나서 어떤 이는 낙선 축하 꽃다발을 SNS에 올렸다 한다. 본인이 받지 않으면 자기가 받아야 할 일을 왜 했는지. 그 사람이 너무 불쌍하고 가련하다. 인간이기를 포기하지 않고서야 어찌 그런 짓을 할 수 있을까.

이런저런 생각을 하면서 인생은 경주가 아니라 그 길을 한 걸음 한 걸음 음미하면서 즐기는 여행이라는 말을 곱씹어 본다.

오뚝이 아버지

  당신의 세월은 고난의 연속이었습니다. 검게 탄 실의도, 굶주림도 감싸 안으며 이겨온 세월이었습니다. 하루도 편히 잠을 자본 일이 없었습니다. 그래도 오직 가족 생각뿐이었습니다. 당신의 뒤에는 한 여자와 네 아들이 있었습니다. 자나 깨나 가족 생각뿐이었습니다.

  4형제를 떡으로 키웠습니다. 다음날 나갈 떡을 준비하기 위해 밤을 지새운 날이 부지기수였습니다. 17살 때부터 떡을 포장해 배달하는 일을 시작했습니다. 가방끈이 짧았습니다. 가방을 들 시간을 만들지 못했습니다. 주위 여건이 그걸 허락하지 않았습니다. 일찍이 부모님을 여의고 홀로서기를 했습니다. 먼 친척뻘

되는 사람이 보내준 곳이 보육원이었습니다. 그게 남들은 한창 배움의 시기를 보내고 있을 열 살 때였습니다.

　보육원은 당신의 삶을 다시 태어나게 해준 곳입니다. 보육원 가족들을 당신의 가족이라 생각하고 열심히 받들었습니다. 거기서 7년을 보냈습니다. 17살이 돼 원 생활을 마감하고 어느 떡집으로 들어갔습니다. 떡에 대한 공부를 어깨너머로 배웠습니다. 돌아가는 기계에 몸을 부딪쳐 상한 일도 한두 번이 아닙니다. 손가락은 마디마디 옹이가 생겼습니다. 손바닥은 꺼끌꺼끌해졌습니다. 겨우겨우 얼마간의 자금을 마련한 후 조그만 떡 가게를 차렸습니다. 그간 결혼도 하고 4형제를 낳았습니다. 하는 일이 힘겨운 일이라서 4형제를 키우면서 관절 수술도 여러 번 했습니다.

　가게 계약 시 사기를 당해 고초를 겪었습니다. 세상에 믿을 사람이 적다는 것을 이때 배웠습니다. 그래도 그런 사람보다는 좋은 사람이 많았다고 말씀하십니다. 세상은 당신 마음 같지 않았습니다. 그걸 보다 못한 나(큰아들)는 사법고시를 포기하고 떡집 보조를 하기로 했습니다. 당신은 말렸습니다. 당신을 도와드려야 한다는 일념으로 결정한 일입니다.

그간 7번의 무릎 수술을 했습니다. 이제는 검버섯이 껌처럼 얼굴 전체에 눌러 붙었습니다. 어머니가 세상을 뜨고는 가족의 대들보는 오직 당신뿐이었습니다. 40여 년의 세월이 흘렀습니다. 아카시 하얗게 피는 계절이 이토록 가슴 시린 이유는 어머니의 빈 자리가 너무나 컸기 때문입니다. 자식들을 풍족하게 키우고 싶었던 아버지였습니다.

올곧게 자라도록 칭찬과 격려와 꾸중을 겸해 키웠습니다. 자식들의 이름을 하나하나 당신의 가슴에 새겼습니다. 그때마다 햇살은 고운 물감을 풀어 산수화를 그렸습니다. 당신은 가정으로 돌아가기 위해 떡집으로 출근을 했습니다. 세찬 비바람에도 젖고 흔들리지 않았습니다. 흔히 남편은 뿌리이며 아내는 꽃이라고 말합니다. 그러나 당신 가정의 뿌리는 약하고, 꽃은 이미 져버린 뒤였습니다. 그래서 당신이 산다는 건 열차의 좌석을 배정받는 것처럼 운명 또는 우연이라 생각하고 살아왔습니다.

다치고도 병원에 못 가는 당신이었습니다. 그간 1억이란 빚이 있었지만 이제 오백 정도만 남았습니다. 이쯤에서 이순을 붙잡아 놓고 등불 하나 켭니다. 어제는 당신의 등을 밀다가 노트에 잘못 쓰여진 글씨처럼 지워지는 때를 보았습니다. 내 손에 닿는 거친 이순의 당신, 당신의 향기를 담습니다. 고난 앞에서도 굴하지 않고 다시 일어선 당신께 격려의 박수를 보냅니다.

큰 자식이 아버지한테 그간 고생 많았다는 감사의 표시로 '감사패'를 만들어 드리고는 박수를 받으며 방송국 공개홀을 나가는 뒷모습이 너무도 대견스럽게 느껴졌습니다. 은혜를 감사패에 오래도록 변하지 않게 새겨 아버지 가슴에 안겼습니다. 둘이는 서로 얼싸안고 눈물을 흘렸습니다. 1억, 10억을 떡값으로 생각하는 사람들에게 경종을 울려주는 이야기입니다.

저마다의 가슴에는 길이 있다

 쥐어짜다 만 빨래 같은 몸과 마음이지만 누구나 저마다의 가슴에 길 하나씩을 갖고 있다. 그 길은 이미 자기에게 주어진 길이 아니라 자기가 만들어가야 하는 길이다. 애인한테 들었던 '조금만 바래다주세요. 이 길은 너무 조용해서 무서워요.' 했던 그런 길이 아니다.
 사시사철 꽃길을 걷는 사람이 있는가 하면 평생 투덜투덜 돌길을 걷는 사람도 있다. 나이는 먹었지만, 꽃길을 걷는 사람이 되고 싶다. 내게도 시련이 있을 수 있다는 생각으로 남은 시간 늘 준비하며 사는 사람이 되겠다는 다짐을 해본다. 사람의 나이란 육체적인 것보다 정신적인 것이라 생각하고 싶다.

시련이란 누구한테나 오는 것이다. 그걸 받아들이는 태도 여하에 따라 사람은 몰라보게 달라진다. '왜 하필이면 나한테 그런 일이?'라고 받아들이는 사람은 그 시련을 이겨내지 못한다. 나한테 닥쳐올 시련을 슬기롭게 이겨내고자 하는 굳은 결심을 가졌다면 쉽게 물리칠 수 있다. 겨울 파도의 격랑은 무척 거센 법이다. 알고 대처하면 못 이길 일이 없다.

시련이란 누구한테나 올 수 있는 것이라는 긍정적인 생각이 그 시련을 쉽게 물리칠 뿐만 아니라 더 좋은 결과로 발전시킬 수 있는 계기가 된다. 시련이란 해가 떠서 지는 것과 마찬가지로 불가피하게 도래하는 것이다. 인생은 한 번은 넘어진다. 그렇다고 포기는 안 된다. 노력하면 길이 생긴다. 도전하는 사람은 꿈을 잃지 않는다.

권투선수 홍수환이 만든 사자성어를 알고 있는 사람이 많을 것이다. 적지에서의 권투시합, 네 번 쓰러졌다가 다섯 번째 일어나 상대를 코트에 눕히고서 만들어낸 '사전오기四顚五起' 말이다.

시련이 닥쳐오면 고통과 맞서 정면으로 통과하려는 의지가 필요하다. 시련이 닥쳐오면 고통으로 받아들이고 조용히 반성하며 기다리는 사람이 현명한 사람이다. 시련이 찾아왔을 때 약한 모습 보이면서도 의연하게 일어나는 사람을 나는 존경한다. 시련이 오면 그 고통을 밑거름 삼아 마음에 자비와 사랑을 쌓는 사람을 나는 사랑한다. 사람이란 위기의 순간에 강해진다.

 지칠 대로 지친 소금물에 절여진 배춧잎 신세지만 시련이 왔을 때 다른 사람에게 잘못한 점을 찾아 반성하는 사람을 나는 좋아한다. 시련이 왔을 때 모진 고통 속에서도 마음의 문을 여는 사람을 나는 흠모한다.

 얼마나 잘 지켜질지는 나도 잘 모른다. 그러나 지키려는 노력만은 게을리하지 않겠다. 시련이 지나간 뒤 고통의 시간을 감사로 되새기는 사람이 될 수 있다면 더없이 좋은 것이다. 산다는 것은 신나는 일이다. 남을 위해 산다는 것은 더더욱 신나는 일이다.

 남을 위해 사는 방법 가운데 내 삶을 나눔으로써 다른 사람에게 용기와 지혜를 주는 삶이라면 더없이 좋다. 그래서 나는 하루 한 가지 이상 베풀기를 실천한다. 베풀기라는 것이 엄청난 것이 아니다. 아주 작은 봉사다. 공동주택 현관 앞에 떨어진 휴지 줍기에서부터 손수레 밀어주기, 몸이 불편한 사람이 들어오고 나갈 때 잠시 문 잡아주기 같은 것들이다. 아주 쉽다. 어렵지 않다. 요양원이나 복지관 같은 곳에 아주 적은 금액이라도 후원하는 것도 내 삶을 쪼개주는 방법이다.

 또 있다. 어려운 처지에 있는 사람의 손을 살며시 잡아주는 것,

잘한 사람에게 미소 지으며 머리를 쓰다듬어 주는 것, 그 사람을 가만히 쳐다보며 이름을 불러주는 것, 아무 말 없이 다가가 꼬옥 안아주는 것, 그 사람의 단점마저도 웃으며 칭찬해주는 것, 문득 네 생각이 나서 보고 싶었다고 말해주는 것 등 헤아릴 수 없이 많다.

하루는 잠깐이다. 그 하루가 쌓여서 만들게 되는 아름다운 생애를 나는 바란다. 사람은 사랑과 행복을 가득 채울 빈 그릇을 가슴에 품고 태어난다. 원래 사람은 외로운 존재라서 혼자 있으면 외롭다고 하지만 사실은 빈 그릇에 사랑과 행복을 가득 채우지 못해서 느끼는 공허한 마음을 외롭다고 표현하는 것뿐이다.

모든 길은 열려 있다. 수많은 길이 있지만 내가 걸어가야 길은 따로 있다. 아무리 좋은 길도 내가 걸어가지 않으면 잡초가 무성한 풀밭이 되고 만다. 막힌 길은 뚫고 가면 되고, 높은 길은 넘어가면 되고, 닫힌 길은 열고 가면 되고, 험한 길은 헤치면서 가면 되고, 없는 길은 만들면서 가면 길이 된다. 길이 없다 말하는 것은 간절한 마음이 없다는 뜻일 게다.

내 몸속엔 나도 모르는 깊은 샘이 하나 있다. 아무리 퍼내고 퍼내도 마르지 않는 샘이다. 그런 샘을 가지고 있다는 것 자체가 자랑스럽다.

그 조그만 것이 받는 사람에게는 더할 수 없는 용기가 되어 삶을 풍요롭게 할 것이다. 동행의 기쁨, 끝없는 사랑, 이해와 성숙, 인내와 기다림은 행복이다. 사랑하고 용서하는 일이 얼마나 좋은 일인지 나는 분명히 알고 있다. 항시 희뿌연 구름으로 덮여 있던 마음이 가을하늘처럼 활짝 갠 것을 느끼는 오늘이다. 가슴이 다 찢어진 창호지 문처럼 너덜거려도 길을 만드는 데 소홀해선 안 되겠다는 다짐을 해본다.

삶이라는 시험지

시험은 초등학교에 입학하면서 시작되었다. 숙제를 잘해 가면 빨간 동그라미 다섯 개를 선물로 받았다. 받아쓰기 시험, 덧·뺄셈 시험에서부터 시작한 시험은 고희를 넘기면서까지 계속되고 있다. '인생은 시험의 연속'이라는 말이 실감 나게 다가온다. 승진을 하던가, 선발에 합격하기 위해서는 면접시험이라는 게 또 있었다. 다섯 명의 면접관이 앞에 근엄한 얼굴로 앉아 있고, 어떤 질문을 받을지, 받은 질문에 수월히 답변할 수 있을지 가슴은 늘 콩닥콩닥 뛰었다.

'인생은 미완성'이라는 노래가 있던가? 그래서 시험이란 것을 통해 인생은 완성되어 가는 것은 아닌지 생각해 본다. 나이 들어

이런 생각도 해본다. '삶이란 집을 짓는 것과 같다. 삶이란 하루 이틀 사용하고 마는 호텔의 객실이 아니다.'라는. 그러기 위해 필요한 것은 시험이 가장 객관적일 수 있다.

요즘도 나는 하루에도 몇 번씩 '시험'을 치른다. 무엇이 옳고 그른지, 어떻게 하는 것이 나를 위해 그리고 다른 사람들을 위해 올바른 결정인지, 지금 하고 있는 내 행동의 궁극적인 목적은 무엇이며, 그것을 해결할 수 있는 방법은 무엇인지, "어떻게 '정답'을 찾는가?" 하는 시험은 매일매일 치러야 하는 나의 일상이다. 그렇게 나는 막 뜯어낸 거즈에 아세톤을 묻히고 세월을 닦아내는 연습을 한다. 인간은 땅에 묻히기 전까지는 시험에서 벗어날 수가 없다. 자기를 완성 시키기 위해서. 그 선발 과정에 안착하기 위해서 말이다.

얼마 전엔 김영호의 '박하사탕'을 읽었다. 김영호를 만나면서 시간이 흐를수록 술수와 편법과 안일에 물들어가는 내 모습을 발견할 수 있었던 것은 큰 수확이었다. 페스탈로치의 묘비에는 이런 내용이 쓰여 있다. '모든 행동이 남을 위해서였으며, 스스로를 위해서는 아무것도 하지 않았다.' 하는. 이런 삶은 아주 잘 산 삶이겠다.

'장영희' 님의 말대로 인생은 어쩌면 삶 자체가 시험인지도 모른다. 우리 모두 삶이라는 시험지를 앞에 두고 정답을 찾으려고 애쓰는 것은 아닌지 모르겠다. 그것은 용기의 시험이고, 인내의 시험이고, 사랑의 시험이겠다. 어려움을 당할지라도 그것을 이겨내고 그로 말미암아 마음이 부드러워지고 착해지고 성실해지고 겸손해지는 것이 오히려 더 큰 기쁨이고 풍성한 행복이라는 걸 알게 되었다.

어제는 이런 생각도 해보았다. 산은 삶의 위안처이며 수양의 도장으로 늘 내 가까이에 있다. 언제든지 스스럼없이 찾을 수 있는 생활의 공간이다. '입산'은 정복하기 위한 것이 아니라 쉬고 어울리기 위한 것이다. 마음에 맞는 사람과 함께 계곡을 찾고 체력에 따라 오를 수 있는 만큼만 오르는 산행이라면 최고가 아닌가 하는. 그리고 산을 오르면서 깨달은 게 있다. 첫째는 보폭을 줄여야 한다는 것, 둘째는 페이스를 유지해야 한다는 것, 셋째는 경사에서는 기어를 변속해야 한다는 것을. 이런 삶을 살아가라 산은 오를 때마다 나에게 가르쳐주고 있다.

살다 보면 깨닫게 되는 것들이 하나둘이 아니다. 최선을 다한 결과는 아름답다. 친구와 포도주는 오래될수록 향기가 진하다. 이름 없는 잡초 속에서도 약초가 자란다. 천국으로 가는 길은 좁고, 멸망으로 가는 길은 넓다. 칼을 쓰는 자는 칼로 망한다.

시골은 자연이 지배하고, 도시는 사람이 지배한다. 기름기 빠지면 남는 건 노여움뿐이다. 한 방울의 물이 돌에 구멍을 낸다. 굽은 소나무가 선산 지킨다. 고장 난 문을 열리지 않는 법이다. 이런 것들을 깨달으며 살아가는 내 삶은 괜찮은 삶이 아닌가?

나는 지금 빈 들에 서서 내 모습을 바라본다. 빈 들은 곡식이 없어도 습기를 머금고 있는데 나는 지금 가진 것이 없다고 마음까지 메말라 있는 것은 아닌가 생각해 본다. 행복은 누리는 것이 아니라 느끼는 것이다. 가꾸는 것이다. 규격화된 행복은 어느 곳에도 없다. 내가 이 세상에 존재한다는 것 자체가 행복이다.

헌신적인 사랑은 되돌려 받을 생각 없이 하는 사랑을 이르는 말이다. 작은 승리에 교만한 자는 큰 전쟁에서 실패한다. 크게 버리는 사람만이 크게 얻을 수 있다. 아무것도 갖지 않을 때 비로소 온 세상을 차지하게 된다는 것은 무소유의 역리이다.

나를 필요로 하는 자리에서 열심히 나의 일을 할 수 있다는 것은 행복이다. 평생 이름값 제대로 하며 살기란 쉽지 않다. 이름에는 가치가 부여되고, 가치에는 그것에 합당한 가격이 매겨진다. 산다는 일은 바로 어제의 일들과 헤어지는 일인지도 모른다. 떠나는 뒷모습이 아름다운 삶은 존경받는 삶이다.

살아가면서 어떻게 시험을 보고 얼마만큼의 성적을 내는가는 각자의 몫이다. 그래서 이제는 나도 남은 생을 이삭 줍는 마음으로 살기로 했다. 새 둥지를 두어 개씩 품어줄 수 있는 넉넉한 나무처럼, 가슴마다 남을 위한 사랑을 더 많이 품을 수 있는 그런 사람이 되고 싶다. 소나무는 늘 말없이 살면서도 푸르른 혼, 하얀 속살, 이승의 시름까지 나이테에 새겨놓고 더 이상 바랄 것이 없는 초연한 삶을 살고 있지 않은가.

존경할 만한 사람이 없는 사회는 암담한 사회이다.

대나무처럼 살 수 있다면

　대나무는 속이 비어있으며, 목질이 단단하여 널리 활용되고 있는 나무다. 보통 10~15m가량 자라며, 아주 큰 것은 40m까지 자라는 것도 있다. 사철 푸르고 곧게 자라는 특성 때문에 절개의 상징으로 널리 알려져 있다. 사군자 중의 하나이며, 십장생 중의 하나이기도 하다. 대나무는 분재로도 많이 키우며, 건축재, 가정용품, 낚싯대, 식물지지대, 관상용, 그리고 요리에도 쓰이는 버릴 것이 없는 나무 중의 하나다.
　'대쪽 같다.'는 부정의 의미로도 쓰이기도 하나, 불의에 타협하지 않고 지조를 지키는 나무의 상징으로 사람들의 뇌리에 깊이 각인되어 있다. 대는 사철 푸르러 우선 일급으로 쳐주고 있는 나

무다. 후조마냥 계절을 가리지도 않는다. 역경 속에서도 인생의 가능성을 믿고 절망하지 않아야 한다는 교훈을 준다. 대는 다른 꽃들과 달리 청청일로青青一路이다. 언제 어디서도 의연하다. 대는 고래로 절개와 지조를, 그리고 영생과 불멸을 상징하는 영물로 선비들의 사랑을 받아왔다.

담양에 가면 소쇄원과 죽녹원이 있다. 대나무 군락지다. 훈풍에 흔들리는 댓잎 소리는 맑고 지친 영혼에 생기를 불어 넣어준다. 대나무 숲을 걷고 있노라면 모든 고민은 사라지고 내가 신선이 된 듯한 착각에 빠진다. 하늘 높은 줄 모르고 뻗어 오른 대나무를 바라보면 내가 천상소년이 된 듯한 착각에 빠진다. 아득히 올려다보이는 그 끝이 바로 내가 동경하던 세계일 것이라는 생각이 든다.

대나무는 죽순이 올라오기 전에 모죽母竹으로부터 뿌리를 내리고 넓히는 데만 2년에서 5년이라는 시간을 보낸다. 대나무는 이처럼 일반 나무들과 다른, 즉 성장을 위해 철저한 준비기간을 거친다. '비바람이 지나간 후에 땅은 더욱 굳고, 풀무질에 단련된 쇠가 더 강하다.'는 말과 같이.

모죽은 아무리 기름진 땅에 심어 놓아도 5년이 지날 때까지 아무런 기미를 보이지 않는다. 아무리 성장에 필요한 영양분을

충분히 공급해줘도 5년 동안은 거의 성장을 멈춘 것처럼 눈에 띄는 변화를 보이지 않는다. 울퉁불퉁하고 모난 돌을 총각總角이라 한다. 총각이 조약돌이 되기 위해서는 많은 시련을 견뎌내야 한다. 각角이 총집결한 것이 총각인데, 비바람에 시달리고 다른 돌과 부딪쳐 깨어지는 고통을 감내하지 않으면 그것은 영원히 총각으로 머물 수밖에 없다.

하지만 5년이 지나면 하루 70~80cm씩 자라기 시작해 6주 후에 30m를 넘으며 웅장한 자태와 화려한 위용을 과시한다. 5년 내내 땅속 깊은 곳에서 자신을 드러내지 않고 조용히 때를 기다리며 묵묵히 철저한 준비를 해온 것이다.

죽은 것처럼 보이지만 땅을 파보면 5년간 대나무의 뿌리가 땅속 깊숙한 자리에서 사방으로 10리가 넘게 퍼져 있음을 알 수 있다. 이것이 대나무를 자라게 했던 초능력이다. 시리도록 몸살 앓고 일어서는 질경이 같은 삶이기에 존경받는 것이다.

그리고 그 어떤 태풍에도 전혀 쓰러지거나 부러지지 않는다. 5년이라는 세월 동안 꾸준히 주변 십 리가 넘는 땅에 기초를 다져 놓았기 때문이다. 낮달이 머물던 빈 밭에 차오르던 시린 눈물의 진정한 의미를 깨달을 줄 아는 사람은 인격이 성숙한 사람이다.

그렇게 5년을 숨죽인 듯 세상에 뻗어 나갈 날 만을 위해 철저히 준비해서 대나무는 그렇게 멋지고 당당한 모습을 세상에 드러내는 것이다. 겹겹이 포장된 아집과 위선과 무지의 가면 놀이는 끝내 인간을 절망하게 한다. 이런 사람에게 대나무밭에 가보라고 권하고 싶다.

절개와 지조를 상징하는 대나무는 다른 나무와 달리 숲을 이루기 위해서는 뿌리내림과 넓힘에 필요한 인고의 세월이 필요하다는 의미로도 전달되고 있다.

대나무를 보면서 마음먹고 시작한 일이, 뜻대로 되지 않는다고 빠른 성과를 보이지 않는다고 초조해하지 말아야 하겠다는 생각을 하게 된다. 지금 내 기저에는 깊고 강건한 뿌리가 성장하고 있는 것일 테니. 대개 사람들이 포기를 고민할 상황은 고지가 바로 코앞에 놓여 있을 때라 하지 않는가. 이때를 잘 넘기면 만사형통이다.

조금만 더 묵묵히 견뎌낼 필요가 있다. 물이 100도가 되면 끓기 시작한다. 더 이상 온도는 올라가지 않고 정체되어 있다가 어느 순간, 온도는 박차고 상승하며 기체로 승화된다. 이 순간이 가장 뜨거운 순간이자, 가장 큰 선물을 안겨줄 고맙고도 값진 시간이 된다.

안으로 번뇌 가두며 살아야 신선으로 등극한다.

땅과 같은 사람이 되게 하소서

사람은 누구나 가슴에 향기를 지니고 태어난다. 잘난 사람은 잘난 대로의 향기가 있고, 못난(?) 사람은 못난 대로의 향기가 있다. 그런 사람들과 만나며 그들을 반면교사로 삼아 인격을 도야한다. 향기로운 사람, 함께 마주 보고 있는 것만으로도 행복하고, 멀리 있으면 늘 그리운 사람과 함께 한다는 것은 얼마나 축복받은 인생인가? 나는 오늘도 그런 사람을 만나며 행복을 구가하고 있다.

예쁜 꽃과 튼실한 열매를 보려거든 먼저 흙과 뿌리를 살펴보는 것이 좋다. 작은 일, 작은 옳음, 작은 차이, 작은 진보를 소중히 여기는 마음이 필요하다. 입춘을 지난 땅은 바쁘다. 응달의 마지막 눈을 녹이고 놀이터 나무 울타리로 물을 올리고, 공 차는 학생들에 밀려 의자를 안고 돌지만, 오랜만에 나온 햇살이 지쳐 보이는 한 아이에게 희망을 선물한다.

심은 대로 열매를 맺는 땅과 같이 심지 않은 것을 거두려 하지 않는 욕심 없고 깨끗한 마음을 내게 허락해 달라고 기도한다. 나무는 달이 하늘로 걸어 올라가는 길이다. 꽃이 핀다는 것은 그리움이 사무쳐 삭는다는 것, 꽃을 피운다는 것은 아직 가슴이 뜨겁다는 뜻이다. 욕심 없고 깨끗한 마음이 꽃을 피워 향기를 낸다. 내 집에 자주 들르는 새는 나의 언어를 모이로 아침해를 맞으며 하루를 시작한다. 그의 웃음소리는 세상이 넓은 줄 모르고 퍼져 나간다. 흙들은 더욱 겸손해져서 길 잃어 방황하는 개미들에게도 발자국을 허락한다.

수고하고 땀 흘린 만큼 돌려주는 땅과 같이 얻은 것만큼 누군가에게 환원하는 베푸는 사람이 될 수 있다면 얼마나 좋겠는가. 불 앞에서 스스로 젖은 나무가 되지는 말자 다짐한다. 하늘처럼 맑은 사람이 되고 싶다고 기도한다. 햇살같이 가벼운 몸으로 맑은 하늘을 거닐며 바람처럼 살고 싶다. 그러면서 닭장 안의 닭들이 홰를 치며 한가로이 고전을 읽는 소리를 듣고 싶다.

호미질, 쟁기질을 받으면 받을수록 부드러워지는 땅과 같이 핍박받고 고난당할수록 온유한 성품을 간직한 사람이 되고 싶다. 자연은 푸른 목청 뽑아 노래하는 풀벌레들에게 가지 끝에 매달린 그리움을 익히도록 기회를 준다. 그럼 나는 지난밤 내내 수선하던 길들이 선명한 핏줄처럼 열리고 비로소 쏟아지는 잠속으로 바람은 고요히 들어와 내 정신의 풀잎을 살랑이고 있음을 느끼고 감사의 기도를 잊지 않는다.

모진 풍파 극복하며 새 생명 키워내는 땅과 같이 어려움 속에서도 소망을 잃지 않는 강인한 사람이 되었으면 좋겠다. 내가 이루고자 하는 일이 시련과 역경에 부딪혀 그르치게 되면 다른 사람들은 절망하지만 나는 그러하지 않을 것이다. 절망을 시련의 한 과정으로 생각할 것이다. 내가 실패라고 생각하지 않는 한 그건 결코 실패가 아니다. 나는 생명이 있는 한 실패는 없다고 생각한다. 내가 살아 있고 건강한 한 나한테 시련은 있을지언정 실패는 없다고 생각한다. 내가 먹인 암소는 몇 번이고 새끼를 쳤는데, 내가 일군 밭이랑은 지금 어떤 상태인가? 잘만 닦고 조이고 기름칠하면 내 삶도 근사한 삶으로 만들 수 있지 않을까. 바라보면 더욱 깊고 간절한 눈빛. 아침의 꽃들을 저녁에 주워 올리면서 나는 나무들이 울리는 푸른 풍금 소리를 듣는 영광을 안는다.

이름 모를 들풀과 잡초들에게조차도 자기를 내어주는 땅과 같이 나도 나를 필요로 하는 모든 이들에게 가슴 넉넉한 사람이기를 소망한다. 방풍림처럼 바람을 막아주지만, 바람을 막아주고는 그 자리에 늘 그대로 서 있는 나무처럼 나도 그렇게 서서 베풀고 싶다. 맑은 물은 산 그림자를 깊게 안고 있고, 높은 산은 물을 늘 깊고 푸르게 안아준다. 나도 그들처럼 살아갔으면 좋겠다. 푸른 악기의 베풂처럼 남들이 필요로 하는 사람이 될 수만 있다면 얼마나 좋을까? 내 눈물이 이웃을 씻겨주고, 내 웃음이 이웃의 품에서 장미처럼 피도록 해달라고 기도한다.

소리 없이 자기 몸을 가르며 씨앗의 성장을 돕는 땅과 같이 주변 사람의 변화를 돕는 온전한 사랑을 베풀 수 있다면 좋겠다. 나의 사랑은 내가 지니고 있는 것 중에서 가장 훌륭한 것이다. 내 모든 덕행이 거기에서 비롯되고 나를 나 이상의 위치로 끌어올려주는 것이기에 나는 사랑을 좋아한다. 만일 사랑이 없다면 난 대부분의 이웃들이 머무르고 있는 보통의 높이로 다시 떨어질 수밖에 없을 것이다. 새들의 주검을 땅에서 볼 수 없는 까닭은 죄 없는 그것들을 하늘이 모두 불러들이기 때문일 것이라 생각한다. 사랑은 서로의 가슴에 안겨 추억으로 익는다. 추억은 익어서 약이 된다. 병약한 사람들에게 희망을 준다.

이웃들이 잎이 무성한 나무일 때 나는 그 가슴에 둥지를 트는 한 마리 새가 되고 싶다. 이웃들이 하늘만큼 나를 보고 싶어 할 때 나는 바다만큼 이웃들을 향해 출렁이는 그리움을 한 편의 시로 엮어 보내고 싶다. 나는 오늘도 상큼한 산딸기 같은 기쁨의 열매들을 따 먹고, 때로는 찔레의 가시 같은 아픔과 슬픔을 따먹으면서 스스로 행복해지는 법을 배운다.

내가 사랑하는 눈물

팔십 고개를 넘기고도 포크레인을 운전하고, 경운기를 운전하면서 가정을 꾸리는 노년이 있습니다. 아들·딸을 훌륭히 키워 대처로 내보내고 팔순에 가까워지는 병든 아내를 수발하고 있습니다. 조석을 챙겨주면서 가업을 이어 생계를 유지합니다. 팔순이 넘었지만, 건강은 육십 대 후반입니다.

모든 시간을 부인을 위해 쪼개 씁니다. 농번기에는 아내를 밭둑에 앉히고 일을 합니다. 식사 시간에는 하던 일을 멈추고 식사를 챙깁니다. 아내의 눈시울이 촉촉해집니다. 고맙고, 감사한 마음뿐입니다. 열 자식 부럽지 않은 남편의 헌신적인 봉사에 아내는 남편을 대할 때마다 '어서 죽어야지.'를 되뇝니다. 어디 죽는 것이 맘먹는 대로 되는 것인가요? 아내의 소망은 하루빨리 저세상으로 가는 것입니다. 그런 생각을 하지 말라는 남편의 얘기가 그저 고마울 따름입니다.

또 한 가정은 부인이 남편을 수발합니다. 자식들한테 모든 걸 쏟아부었지만 이제 와서 부부밖에 없다는 걸 실감합니다. 병석에 누운 남편을 수발하기도 이제 지쳤습니다. 그래도 지친 기색을 보이지 않습니다. 숙명으로, 운명으로 받아들입니다. 식사도 떠 넣어주어야 합니다. 간신히 앉아 밥을 받아먹는 모습이 눈물겹습니다. 한 손엔 손수건이 들렸습니다. 코를 닦고 얼굴의 땀을 닦습니다. 남편의 눈시울이 젖어옵니다. 촉촉해집니다. 젊은 시절 잘못했던 일만 생각납니다. 하루 한날 아내의 마음을 도닥거려준 일이 없는 것 같습니다. 이제 와서 아내의 짐이 된 자신이 부끄럽습니다.

이들의 눈물은 감동입니다. 참고 참다 흘리는 눈물이 격정이며 순수입니다. 그 눈물 속엔 오염 물질이 전혀 들어있지 않습니다. 수정같이 맑습니다.

속으로 삭이고 삭이다가 흘리는 눈물, 참고 참다가 흘리는 눈물은 순수 그 자체입니다. 그런 눈물을 보면 안구건조증을 앓고 있는 내 동공에도 약간의 물이 고이는 것을 느낍니다. 진실한

눈물, 인내의 눈물, 절제의 눈물을 나는 사랑합니다. 그런 눈물은 아름답습니다. 빛이 납니다. 남을 위해서 흘리는 눈물, 가슴에서 배어 나오는 아주 절제된 진실의 눈물, 그런 아름다운 눈물을 나는 사랑합니다.

나에게 눈물을 선물한 사람

토요일 아침 텔레비전을 켜면 황금연못이란 프로그램이 방송된다. 50명의 60~80대 노인들이 출연해 지금까지 살아온 과정을 이야기하면서 시청자들에게 지혜를 선물하는 프로그램이다. 노인들은 지식에서는 젊은이들에 딸리지만, 지혜는 그들을 능가한다. 우리들이 말하고 싶었던 것을 대신 말해주면서 가려운 곳을 잘 긁어준다. 그리고 웃음까지도 선사한다.

오늘 방송 내용 중에서는 '구두 수선칼'이 등장했다. 장애인으로 태어나서 구두 수선공으로 남매를 키우며 살아가던 남편이 병으로 세상을 뜨자 그의 부인이 그 업을 이어받았다. 그 부인도 어렸을 적 등잔불이 넘어지는 바람에 화상을 입고 몸의 왼편 쪽은 거의 마비가 된 상태로 살아왔다. 남매를 키워내야 했다. 왼손은 엄지손가락만이 간신히 움직이는 절대 불구자였다.

어느 날인가 초등학교에 다니는 어린 딸이 친구들과 싸우는 소리를 우연히 듣게 되었다.

"네 엄마는 병신이지? 몸이 왜 그러냐? 그러니 너도 그렇지."

"아니다. 엄마도 어렸을 적에는 매우 예뻤다. 화상을 입어 그렇게 됐다."

이 얘기를 듣는 순간 어린 딸의 마음이 얼마나 아팠을까 하는 생각이 그의 가슴을 쥐어짰다. 그래서 형편이 허락하지는 않았지만, 피부 이식을 해야겠다는 결심을 했다. 세 번에 걸쳐 수술을 받았다. 비용도 비용이었지만 얼마나 아팠는지 모른다. 자식들을 위해 참고 견뎠다. 1차 수술을 받고 난 후 거울을 쳐다볼 수 없었다. 자신의 얼굴이 아니었기 때문이었다. 수건을 뒤집어쓰다시피 하면서 지낸 후 다시 2차 수술을 받았다. 이쪽저쪽에서 잡아당기는 바람에 견디기가 힘들었다. 통증이 너무 심했다. 이때도 역시 거울을 보기가 힘들었다. 3차 수술을 받은 후에야 예전 얼굴이 조금 되살아났다. 그 결과 얼굴이 그냥저냥 볼 수 있을 정도는 됐다. 그러나 손은 그대로였다. 그런 손을 가지고 구두수선 일을 했다. 남매를 키워내기 위해서. 이제 61살 나이인데 얼마나 순탄하지 않은 세월이었으면 70대 중반으로 보일까.

딸은 그런 엄마가 대견스러웠다. 그 누가 뭐라 한다 해도 이 세상에서 엄마보다 더 훌륭한 사람은 없다 생각했다. 거의 오른손만 쓰면서도 구두를 닦고, 망치질을 해서 구두 수선을 했다. 그간 예리한 칼에 찔려 바지, 내복 속의 허벅지가 수난을 받은 것만도 일일이 헤아릴 수가 없다 했다. 삶이란 것은 치열한 전투였다. 그렇게 하여 아들은 유학 보내고, 딸은 교사로 만들었다. 억척이 엄마의 그 숭고한 자식 사랑에 고개가 숙여진다. 엄마의 엉클어진 백발이 눈보라 되어 휘날릴 때까지 남매의 사랑은 변함없을 것이다.

내가 안구건조증을 앓은 것이 벌써 수십 년째다. 아버지, 어머니가 이 세상 소풍 끝내시던 날도 눈물 한 방울도 흘리지 못했던 불효자였다. 그땐 그걸 몰랐다. 가슴으로는 많이 슬픈데 정작 눈물은 아니 나왔다. 동네에서 효자라는 소리를 듣던 나의 모습을 보고 문상 온 사람들은 어떤 생각을 했을까 생각하면 얼굴이 달아오른다.

그 부인의 숭고한 자식 사랑 정신과 접하다 보니 나에게 기적 같은 일이 일어났다. 치료가 안 된다는, 눈물샘에 눈물이 10% 정도밖에는 남아 있지 않다는 안구건조증 환자인 내 눈에 약간의 눈물이 비친 것이다. 자식에게 모든 것을 주고 나서 빈 껍질만 남아 냇물에 둥둥 떠가는 우렁이가 생각났기 때문이다. 아니 아버지 생각이 왈칵 났기 때문이다. 아버지도 세 살 적에 할아버지를 여의고, 등잔이 엎어지는 바람에 화상을 입었다. 안면근육이 오그라들어 왼쪽 귀의 형체가 조금 남아 있을 정도였다. 그런 얼굴이었기에 소학교만 다니고 글방에서 한학만 하셨다. 아버지를 여읜 슬픔도 모른 채 형들 밑에서 자랐다. 그 많던 재산도 형들이 모두 탕진해 버리고, 아주아주 어렵게 사셨다. 안해 본 일이 없을 정도였다. 근근히 모은 재산으로 형들이 팔아먹은 선산을 되찾았다. 지금 아버지는 그곳에 30여 년 전 저택을 마련한 뒤 편안히 지내고 계신다.

그런 처지였기 때문에 자식들에게는 공부를 시키고자 하는 염원이 남달리 컸다. 나를 외지로 유학 보내셨다. 고향의 농고를 나와서는 희망이 없다고 생각하셨기 때문이었다. 내가 공부하는 그곳까지 완행버스에 하숙비로 낼 쌀을 싣고 와서 등짐을 지고 하숙집을 방문하시는 그런 열정을 보인 분이셨다. 하숙집 아줌마와 아저씨에게 단단히 부탁하고, 학교로 찾아와 담임선생님과 교장 선생님을 뵙고 가시는 열정을 보인 분이셨다.

오늘 억척이 엄마의 숭고한 자식 사랑 얘기를 듣고 감동하여 조금이나마 눈물을 찔끔 내비치게 되는 기적을 일궈냈다는 데에 감사한다. 그런 감동적인 얘기를 듣고 보게 되니 나에게도 약간의 눈물이 그 가치를 발휘해 주는구나 하는 생각에 종일 내 몸은 하늘을 날았다.

내가 만난 꿈을 이룬 사람들은 모두 자신의 나이를 숨기지 않았습니다. 주름이든, 상처든, 흰머리든 그 모든 것에 자신이 치열하게 꿈꿔온 모든 기록이 담겨 있기 때문입니다. 꿈을 가진 사람만 이해할 수 있는 이야기입니다. 꿈을 가지지 않는 사람의 인생은 운동을 하지 않는 운동선수와 같습니다.

아주 간절한 마음으로 기억하세요. 꿈은 '명사'가 아니라, 당신의 인생을 움직이는 '동사'라는 사실을. 비가 오지 않는 곳엔 무지개가 뜨지 않습니다. 당신의 삶에 왜 무지개가 뜨지 않는지 불평하지 마세요. 무지개를 얻기 위해선 먼저 비를 맞고 견디는 혹독한 시간이 필요합니다. 눈물이 없는 눈엔 결코 무지개가 뜨지 않기 때문입니다. 심장이 멈춰도 꿈만 멈추지 않는다면, 당신은 쓰러져도 쓰러진 게 아닙니다.